Adolphe Dechamps

Fürst Bismarck und die Drei-Kaiser-Zusammenkunft

Adolphe Dechamps

Fürst Bismarck und die Drei-Kaiser-Zusammenkunft

ISBN/EAN: 9783743386990

Hergestellt in Europa, USA, Kanada, Australien, Japan

Cover: Foto ©ninafisch / pixelio.de

Manufactured and distributed by brebook publishing software (www.brebook.com)

Adolphe Dechamps

Fürst Bismarck und die Drei-Kaiser-Zusammenkunft

Fürst Bismarck

und die

Drei-Kaiser-Zusammenkunft.

Von

Ad. Dechamps,
Belgischer Staatsminister.

Autorisirte Uebersetzung.

Mainz,
Verlag von Franz Kirchheim.
—
1872.

I.

Sie fragen mich, mein theurer Freund, über die Ereignisse, welche im Laufe von zwei Jahren Europa von Grund aus verändert haben, und stellen die speziellere Frage an mich, was ich von der Zusammenkunft der drei Kaiser in Berlin und der Politik des Fürsten Bismarck denke.

Ihre erste Frage ist zu allgemein, als daß sie in einem Briefe, dem ich keine große Ausdehnung geben möchte, beantwortet werden könnte. Ich werde es aber nach dem Maaßstabe meiner Kräfte in einer Schrift thun, mit welcher ich seit länger beschäftigt bin.

Im Jahre 1849 etwa habe ich ein „Studie über Frankreich" zu schreiben begonnen. Aus derselben habe ich während des zweiten Kaiserreichs drei Abschnitte[1] veröffentlicht, worin ich Napoleon III. in seinen Erfolgen und in den Fehlern, die seinen Sturz vorbereitet haben, behandelte. Nun vollende ich diese vor mehr als zwanzig Jahren begonnene Studie, in Mitten der von Tag zu Tag zunehmenden Dunkelheit der allgemeinen Politik, worin das aufmerksame Auge mehr unheilverkündende Blitze, als klare Tageshelle wahrnimmt.

Im Jahre 1859 hatte ich meine erste Schrift über „das

---

[1] Le second Empire, 1859 — la France, l'Autriche et Angleterre, 1860 — la France et l'Allemagne, 1865.

zweite Kaiserreich" an den alten Fürsten Metternich ge=
sendet, der mich mit seiner Freundschaft beehrte; ich frug ihn
dabei über den Zustand von Europa, der durch den italienischen
Krieg auf's Tiefste verändert werden sollte.

Ich theile hier ein Stück der interessanten Antwort mit,
mit welcher er mich, ganz kurze Zeit vor seinem Tode, beehrte:
„Zeuge und Zuschauer bei den Katastrophen, die zwischen den
Jahren 1789 und 1795 ausbrachen, trat ich, von diesem zwei=
ten Jahre an, in die höheren Geschäftskreise ein, und am ersten
Tage des Jahres 1801, in die diplomatische Laufbahn. So
hat sich, seit diesen entfernten Zeiten, nichts ereignet, das mir
fremd geblieben wäre. Aber bin ich deßhalb den anderen Le=
benden darin voraus? kann ich mich deßhalb für fähig halten,
etwas über die kommenden Ereignisse vorauszusehen, über die=
jenigen selbst, welche in der allernächsten Zeit eintreten werden?
Nein, gewiß nicht! Zu Etwas jedoch glaube ich befähigt zu
sein, nämlich zu der Behauptung, daß es in dem Lauf der sie=
ben letzten Jahrzehnte keinen Augenblick gegeben, in welchem die
Elemente, aus denen das sociale Leben sich zusammensetzt, in
einem allgemeineren Kampfe gelegen hätten, als eben jetzt."

Seitdem hatten wir den italienischen Krieg von 1859 ge=
gen Oesterreich, den deutschen Krieg von 1866 und Sadowa,
den amerikanischen Bürgerkrieg, den kolossalen Krieg von 1870,
das plötzliche Zusammenbrechen des zweiten Kaiserreichs, die Com=
mune und den Brand von Paris, die Republik in Frankreich,
das Deutsche Reich, die italienische Revolution in Rom, die den
Papst im Vatikan gefangen hält und die ganze Kirche in Trauer
versetzt, Spanien, um welches drei Dynastien mit einander strei=
ten und welches der Anarchie und dem Bürgerkrieg verfallen
ist, die socialistische Revolution, die allerwärts die Arbeitermassen

in Bewegung setzt und die letzten Stützen der modernen Gesell=
schaft erschüttert!

Was würde der alte Fürst Metternich sagen, wenn er ge=
genüber der ungeheuren Umwälzung, deren Zeuge wir sind,
die allgemeine Frage zu beantworten hätte, welche Sie
an mich stellen?' Er würde sich weigern, er würde es
nicht unternehmen Etwas vorherzusagen; er würde sich da=
rauf beschränken, über den allgemeinen und furchtbaren Kampf,
der sich unter allen Elementen des socialen Lebens entsponnen
hat, sein noch größeres Entsetzen auszusprechen.

Ich werde thun, wie er, mit hundertmal mehr Gründen
als er. Ich fühle, wie alle jene, die einigen politischen Instinkt
haben, daß entscheidende und schreckliche Ereignisse herannahen,
ohne daß ich sie schon genau unterscheide, wie man an der
Schwere der Luft fühlt, daß ein Gewitter heraufzieht, ehe man
noch die Blitze sieht und den Donner hört.

Ich lasse darum Ihre allgemeine Frage auf sich beruhen
und gehe an die zweite genauer gefaßte, bezüglich der Ber=
liner Zusammenkunft und der Politik des Fürsten Bismarck.

Seit lange vom politischen Leben zurückgezogen, habe ich
wohl nicht nöthig zu sagen, daß die hier ausgesprochenen Ansich=
ten rein persönliche sind; daß dieselben nur mich verpflichten, und
daß Niemand sich das Recht herausnehmen darf, die Verant=
wortlichkeit dafür auf meine Freunde und noch weniger auf die
politische Partei auszudehnen, der ich anzugehören die Ehre
habe. Ich bemerke dies ausdrücklich.

Was ist also die Bedeutung, der Charakter, die Tragweite
der Zusammenkunft der drei Kaiser? Ist sie ein Congreß? Ist
sie eine Allianz? Sie ist weder das eine, noch das andere, und
man ist angelegentlich besorgt, dies zu betonen. Es ist kein

europäischer Congreß, denn England und Frankreich haben nicht
daran Theil genommen; das eine wurde übergangen, das andere
war naturgemäß davon ausgeschlossen. Es ist kein Congreß,
denn keine schriftliche Uebereinkunft wird die Ansichten und Re=
sultate feststellen. Fürst Bismarck will auch weder Congreß noch
Vertrag. Er bestand darauf, allein mit Oesterreich den Prager
Frieden, allein mit Frankreich den Frieden in Frankfurt zu un=
terzeichnen; er verwahrte sich, mit einem gewissen Stolze, vor
jeder Einmischung der Mächte in diese Verträge, die doch die
Lage und das Gleichgewicht Europas gänzlich verändert haben.

Immer, nach den großen Kriegen, trat Europa auf feier=
lichen Congressen ein, um die Bedingungen des allgemeinen
Friedens aufzustellen und diesen dadurch fester und dauernder zu
machen. So war es beim westphälischen Frieden, beim Wiener
Frieden, beim Friedensschluß von 1815, so war es in neuerer
Zeit im Jahre 1856, nach dem Krimnkriege mit dem Vertrag
auf dem Pariser Congreß. Es gab Ein Europa, in welchem
das System des Gleichgewichts herrschte; Fürst Bismarck hat das
letztere nun beseitigt und das erstere zerrissen.

Aber er fühlte, welche Gefahren diese Handlungsweise und
diese Lage mit sich brachten. Deutschland hatte Oesterreich be=
siegt, hatte Frankreich vernichtet und die oberste Stellung in
Europa erlangt; aber es war isolirt. Oesterreich, aus Deutsch=
land ausgeschlossen, wie es vorher aus Italien ausgeschlossen
worden war, konnte nicht ohne eine natürliche und tiefe Eifer=
sucht das deutsche Reich zur höchsten Stufe emporsteigen sehen,
während es selbst zur zweiten herabstieg. Rußland darf nicht
zusehen, wie das deutsche Reich sich am Baltischen Meer und an
der Donau festsetzt und über das slavische Kaiserreich einen Vor=
sprung gewinnt, ohne gleichfalls von Eifersucht ergriffen zu
werden. England kann diese Lage der Dinge, die ihm nur eine

abwartende und stillschweigende Rolle zutheilt, nicht in Betracht ziehen, ohne ähnliches, wie Oesterreich und Rußland, zu fühlen. Es gibt darum in St. Petersburg, wie in Wien, vielleicht auch in London, unüberwindliche Gefühle des Mißtrauens gegen die Uebermacht Deutschlands und gegen die Störung des europäischen Gleichgewichts zu seinem Vortheile; es gibt tiefgehende entgegengesetzte Interessen, welche keine wahre Allianz zwischen den drei Kaisern zulassen, die in Berlin zwar Händedruck, Toaste, brüderliche Umarmungen und gewisse allgemeine Ideen ausgetauscht haben, aber sich nimmer in bestimmten politischen Ansichten vereinigen werden.

Fürst Bismarck selbst hat die Berliner Zusammenkunft genau bezeichnet: „Es ist wichtig, sagt er, daß Niemand vermuthe die Drei-Kaiser-Zusammenkunft verfolge besondere politische Zwecke. Ohne allen Zweifel ist diese Zusammenkunft die feierliche Anerkennung des neuen deutschen Reiches; aber es hat dabei absolut, kein politischer Zweck zu Grunde gelegen."

So, oder ungefähr so hieß es. Fürst Bismarck wollte weder Congreß, noch Vertrag, er versuchte keine Allianz, die im jetzigen Augenblick unmöglich ist, aber er legte Werth darauf, aus seiner jetzigen Isolirung herauszukommen; er wollte außerdem die träumerischen Wiedervergeltungspläne, welche Frankreich vielleicht aus der Hoffnung auf eine Allianz mit Rußland oder mit Oesterreich schöpfen könnte, zerstören.

Die Berliner Regierung verfolgte mit der Zusammenkunft der drei Kaiser zwei, vielleicht auch drei Zwecke: 1) Sie wollte dem Deutschen Reiche die Anerkennung der zwei großen Militärmächte des Nordens verschaffen und dadurch Frankreich die Hoffnung nehmen, im Falle eines Krieges in St. Petersburg oder in Wien einen Verbündeten zu finden; 2) sie wollte dem bayerischen und süddeutschen Partikularismus, der immer hoffnungsvoll nach Wien geblickt hat, alle Aussichten rauben. Der dritte Zweck könnte darin bestanden haben, den Widerstand der Katholiken gegen die verkehrte und gehässige Verfolgung, welche man gegen sie eingeleitet hat, dadurch zu brechen, daß man ihnen zeigte, sie hätten für ihre Sache von dem apostolischen Kaiser, dem Haupte der Habsburger, nichts mehr zu erwarten.

Ein bemerkenswerther Brief im Wiener „Wanderer," der den Titel: der Schlachtplan führt, bespricht diese beiden Hoffnungen der Berliner Diplomaten ganz treffend: Diese Diplomaten, sagt der „Wanderer," wollen mit einem gewissen Cynismus die österreichische Gutmüthigkeit zum Besten halten. Sie rechnen darauf, daß diese Gutmüthigkeit sie von den zwei eingefleischten Feinden des Reichs (nach der Ansicht des Fürsten Bismarck) und bis vor kurzem Freunden des Hauses Habsburg, nämlich von dem Partikularismus der Mittelstaaten und der katholischen Opposition, befreien werde. „Dank dem Hause Habsburg, sagen sie, werden wir dieser Reptilien Herr werden und ihnen ihre giftigen Zähne nehmen." Zugleich können diese Diplomaten ihre (ich hoffe, verfrühte) Freude darüber, was sie das Berliner Canossa und die Wiedervergeltung für Olmütz nennen, nicht verbergen. „Durch das Haus Habsburg, — so sagen sie nämlich wörtlich, werden wir unsere Erbschaft durch das alte Reichssiegel verbriefen lassen."

Demnach wäre der Kaiser von Oesterreich nach Berlin gekommen, um dem Partikularismus und vielleicht auch den Katholiken zu sagen: Auf mich habt ihr nicht mehr zu zählen; und der Kaiser von Rußland wäre gekommen, um einen Toast auf die Deutsche Armee auszubringen und um Frankreich zu sagen: Bei einem kommenden Kriege könnt ihr auf meine Allianz nicht rechnen.

Das wäre die Krönung der Politik des Fürsten Bismarck. Seit jenen zwei großen Kriegen, gegen Oesterreich und gegen Frankreich, welche in ihren merkwürdigen Erfolgen seine Hoffnungen und Erwartungen ohne Zweifel weit übertroffen haben, hat Fürst Bismarck nur noch eine Sorge und einen Gedanken: Frankreich muß isolirt, seine militärische und politische Ohnmacht müssen dauernd gemacht, dem alten Löwen die Zähne abgestumpft und ihm ein Maulkorb angelegt werden.

Um dies zu erreichen, erschienen ihm sichere und wohlverwahrte Grenzen nothwendig. Der Besitz von Elsaß und Lothringen hat ihm dieselben verschafft. Fürst Bismarck weiß sehr wohl, daß die Annexion dieser beiden Provinzen vom politischen Standpunkte aus für Deutschland eher schwächend als stärkend wirkt; daß sie zu all den Schwierigkeiten, welche in der Organisation der deutschen Einheit liegen, eine große Verlegenheit hinzufügt, und daß Elsaß und Lothringen an den Seiten des neuen Reiches auf lange hinaus ein blutendes Polen sein werden. Vom militärischen Standpunkte jedoch schien ihm die Eroberung dieser zwei Provinzen, als eine erste materielle Garantie gegen etwaige Wiedervergeltungsversuche von Seiten Frankreichs unentbehrlich. Durch den Besitz dieser Provinzen kehrt er die dreifache furchtbare Vertheidigungslinie von Maas, Mosel und Vogesen gegen Frankreich um; hat durch Straßburg und Metz die strategischen Schlüssel Frankreichs in Händen — eiserne Thore, deren Riegel man in Berlin hütet. Die anderen Grenzen am Rheine sind durch die bewaffneten Neutralitäten von Holland, Belgien, Luxemburg und der Schweiz vertheidigt. Hinter diesen unüberwindlichen Grenzen verschanzt, auf seine starke Militär-Organisation und die Erinnerung an seine neuesten Triumphe gestützt, scheint das Deutsche Reich unangreifbar zu sein.

Das genügte aber dem Fürsten Bismarck noch nicht. Er wiederholte die Politik, welche ihm beim Kriege von 1866 gegen Oesterreich so gute Dienste geleistet hatte. Damals verband er sich mit Italien unter strafbarer und unsinniger Zustimmung Napoleons III.; er zwang Oesterreich seine Kräfte zu theilen und zwei Armeen, die eine bei Verona, die andere in Böhmen zu haben; dadurch war die Niederlage Oesterreichs zum Voraus gesichert. Diesen geschickten Kunstgriff hat nun Fürst Bismarck vor Kurzem auf's Neue anzuwenden begonnen. Er hat mit Italien, das sein politisches Leben Frankreich verdankt und mit Verrath zurückzahlt, ein Offensiv- und Defensiv-Bündniß geschlossen. Durch diese Allianz würde er, im Falle eines Krieges, Frankreich zwingen, eine Armee an den Alpen und eine am Rhein zu haben, und die Niederlage desselben wäre unzweifelhaft.

Jeder Vergeltungskrieg ist darum auf lange Zeit hinaus unmöglich gemacht. Eine einzige und entfernte Hülfe bliebe Frankreich noch übrig: eine Allianz mit einer großen Militärmacht, mit Oesterreich und namentlich mit Rußland, deren geheime Eifersucht es sich zu Nutzen machen würde.

Aber eine solche Allianz setzt ein Frankreich voraus, welches sich politisch, militärisch und moralisch aus seinem Verfall erhoben hat und welches eine definitive, nach Innen dauerhafte, nach Außen einflußreiche Regierung besitzt. Wird eine Republik, und wäre sie auch conservativ und allzeit von einem Staatsmanne von der Bedeutung des Herrn Thiers präsidirt, in Frankreich dies zu leisten im Stande sein? Wird die Republik, welche mir wie ein Nothbach zu vorübergehendem Schutze, wie ein enges, wenn auch vielleicht nicht ungeeignetes Bett für die Wiedergenesung des verwundeten und kranken Frankreich vorkommt, in einem Lande, welchem mannhafte Gesittung und historische

Institutionen fehlen, hinlängliche Festigkeit, Sicherheit, vernünftige Freiheit, Kraft und Größe bieten, um die Verbündete eines großen Kaiserreiches wie Rußland zu werden? Bei mir gehört die Idee von einem gegen das Deutsche Reich gerichteten Bündniß zwischen der französischen Republik und einem der zwei nordischen Kaiserreiche, zu den Dingen, die so offenbar unmöglich sind, daß man darüber nicht zu reden braucht. Gelänge es Frankreich, die unterbrochene Kette seiner Geschichte wieder anzuknüpfen, die Gegenwart mit seiner Vergangenheit in Einklang zu bringen, würde es wieder eine traditionelle, repräsentative und freie Monarchie, die sich gleichweit von den Mißbräuchen des alten Regimes und von den Irrthümern der Revolution entfernt hält, dann wäre die Sache freilich eine andere und die großen Allianzen würden morgen so möglich werden, wie sie heute unmöglich sind. Aber diese Allianzen würden dann nicht zum Zwecke endloser Repressalien und neuer Kriege geschlossen; sie hätten vielmehr zur wohlthätigen Folge den socialen Frieden, die Wiederherstellung von Autorität und Ordnung und jene vernünftige und maßvolle Freiheit, von welcher, seitdem sie verloren ist, so viel geredet wird. Frankreichs Größe ist weniger durch die Ausdehnung seiner Grenzen, als durch seine politische, sociale und religiöse Erneuerung bedingt.

Es ist Herrn von Bismarck durchaus nicht zweifelhaft, daß eine Allianz zwischen einem der großen Militär-Reiche des Nordens und dem republikanischen Frankreich etwas Unausführbares ist, und darum ermuthigt er die Republikaner von Versailles in der Aufrechthaltung ihres Werkes.

Dem mag nun sein, wie ihm wolle, Fürst Bismarck hielt es, bei der Ungewißheit der Ereignisse, für gut, Frankreich, welches, nachdem es thörichterweise von den Rheingrenzen geträumt, durch die Thorheit seines Kaisers seine Grenzen im

Osten elendiglich verlor, und welches, nachdem es die verhaßten Verträge von 1815 zu zerreißen geschworen hatte, zu Frankfurt den Vertrag der Zerstückelung und Besetzung unterzeichnen mußte, seine Hoffnungen und Gelüste für immer zu nehmen.

Das neue deutsche Reich, durch seine furchtbare Armee vertheidigt, durch seine festen Grenzen gedeckt, durch die italienische Allianz, die jeden Krieg Frankreichs gegen dasselbe fast unmöglich macht, gesichert, durch die officielle Freundschaft Oesterreichs und Rußlands unterstützt, zwingt demnach Frankreich, sich in sein Schicksal zu geben und Frieden zu halten, und verurtheilt dasselbe zu politischer und militärischer Machtlosigkeit, oder besser gesagt, zur Klugheit. Herr von Thiers hat soeben in Ausdrücken, welche er der französischen Presse entnimmt, diese Klugheit offen proclamirt, indem er aussprach, daß er den Frieden, einen heilsamen und fruchtbringenden Frieden wünsche, und daß Frankreich weit davon entfernt sei, diesen Frieden stören zu wollen.

Wenn man vom Balkone des kaiserlichen Palastes in Berlin herab verkündigt, Zweck und Resultat der Zusammenkunft der drei Kaiser, sei die Bestätigung der gegenwärtigen Lage Europa's und die Befestigung des allgemeinen Friedens, so sagt man die Wahrheit, was aber nichts anders heißen will, als daß man den augenblicklichen Stand der Dinge, wie er aus den letzten Kriegen hervorgegangen ist, nämlich die europäische Uebermacht des Deutschen Reiches, gegründet auf die Machtlosigkeit oder Klugheit Frankreichs, acceptirt hat, und daß man den Herd, von welchem aus die Feuersbrunst des Krieges noch fernerhin über Europa geschleudert werden könnte, für erloschen hält.

In der That eine gewandte Politik, und Fürst Bismarck hat ein Recht, auf dieselbe stolz zu sein.

Aber dennoch gibt es an diesem heiteren Himmel eine

finstere Wolke, und es unterliegt keinem Zweifel, daß dieselbe den Optimismus der in Berlin versammelten Diplomaten gestört hat. Diese Wolke ist die schreckliche Ungewißheit, was an dem Tage eintreten wird, an welchem Herr Thiers aufhört, Frankreich zu regieren.

Die Republik kann Frankreich nicht retten; es gibt in Frankreich ebenso wenig eine wahre Republik, wie eine Monarchie; die Monarchie ist getheilt und dadurch ohnmächtig, und die Republik ist noch getheilter als die Monarchie; Frankreich befindet sich in einem Uebergangszustande, es hat keine Regierung und keine dauernden Institutionen, und es ist in Folge der tiefgehenden Spaltung unversöhnlicher Parteien und der Verwirrung in den Principien und Ideen unmöglich, das fehlende zu schaffen. Was Frankreich provisorisch rettet, ist ein einziger geübter Mann, dessen Hand geschickt und fest und stark genug ist, um die Parteien in der Unterwürfigkeit zu erhalten, und um ihre Bestrebungen, die Frankreich in einen neuen Bürgerkrieg stürzen würden, zu unterdrücken. Herr Thiers glaubt, daß jeder wirkliche Versuch zur Wiederherstellung der Monarchie der Anfang des Bürgerkrieges sei; die Majorität der Versammlung in Versailles ist ebenso überzeugt, daß, falls die Republik fortbesteht, dieser Bürgerkrieg an eben dem Tage, an welchem Herr Thiers nicht mehr da sein wird, zum Ausbruch kommt; und vielleicht haben sie alle recht. Dieser traurige Zustand einer provisorischen Republik, die keine andere Aussicht für die Zukunft hat, als die Ungewißheit, ist mehr durch die Lage Frankreichs selbst als durch Menschen hervorgerufen.

Die conservative Republik hängt an der Person des Herrn Thiers; sie wird ebenso lange dauern, als er, und ich wünsche, daß seine so nothwendige Dictatur noch lange fortbestehen möge. Aber kann man dies vernünftigerweise erwarten? Er hat sich einer schönen Aufgabe unterzogen, der Rettung Frankreichs; er hat in Paris jene große Schlacht gegen die Partei des Umsturzes geliefert und gewonnen, er stellt Armee und Finanzen wieder her, er beschleunigt die Befreiung des französischen Bodens, er hält die Ordnung aufrecht; Alles das ist schön und groß; er erfüllt die Rolle eines Erretters. Aber er muß bei dieser Rolle bleiben; er darf sich nicht verleiten lassen, der Gründer einer Regierung werden zu wollen; er muß die erste Rolle dem ersten Range vorziehen.

Ich würdige vollkommen, was Herr Thiers unternimmt; er lenkt seine Politik den gegenwärtigen Umständen gemäß, den einzigen mit denen er rechnen kann; er ist mit der Wiederherstellung beschäftigt, aber Was bereitet er vor? Wie wird die Zukunft sein, die er begründet? Welche Erbschaft wird er hinterlassen und wer wird sein Erbe sein? Diese Frage muß sich jedem denkenden Geiste, und besonders dem seinen, der so merkwürdig klar, scharf und durchdringend ist, nothwendig aufdrängen.

Die schwache Seite seiner Politik besteht darin, daß sie Frankreich vor einer ungewissen Zukunft läßt. Um aus dem provisorischen Zustande, in welchen Frankreich bei seinem Sturze gerathen war, herauszukommen, wird es nicht genügen einige neue Einrichtungen anzuordnen. Fügt man zu den vorhandenen Institutionen eine Vicepräsidentschaft, eine zweite Kammer hinzu, so wird dies die Lage zu keiner anderen machen; es bleibt immer der interimistische Zustand und das Gefühl des Wartens auf eine definitive, dauernde, geordnete, nach Außen einflußreiche Regierung, welche Frankreich mangelt.

Die Frage wird für Herrn Thiers, wie für Frankreich, und für Europa immer dieselbe bleiben: auf was arbeitet man hinaus, wie wird die Zukunft sein?

An den Früchten erkennt man den Baum, nach den Resultaten beurtheilt man eine Politik, und nach diesen wird auch Herr Thiers gerichtet werden.

Wenn er die traditionelle und repräsentative Monarchie als Erbschaft hinterläßt, oder wenn er, ein zweiter Washington, als seinen Nachfolger einen John Adams oder einen Thomas Jefferson, der eine wahrhaft conservative, freie, christliche und starke Republik begründet, Frankreich gibt, dann wird er ein großer Mann sein; aber wenn er nur einen Gambetta, der selbst der Vorgänger der socialistischen Commune in Paris war, als Erben hat, dann wird er ungeachtet seiner schwer wiegenden Dienste, vor der Geschichte ein strenges Gericht zu bestehen haben. Das erkennt wohl Niemand klarer, als er.

Wird also ein unbekannter Jefferson oder ein Gambetta der zweite Präsident der vierten oder fünften französischen Republik sein?

Das ist die beängstigende Frage, der man gegenübersteht. Alle diese möglichen Fälle sind bei den Conferenzen zu Berlin zur Sprache gekommen. Fürst Bismarck konnte da seinen politischen Plan, welchen ich zu analysiren versucht habe, und den Zweck desselben auseinandersetzen, nämlich die Sicherung des europäischen Friedens auf Grund der Unfähigkeit Frankreichs einen neuen Krieg zu unternehmen; aber gegen das revolutionäre und demagogische Frankreich, welches das Feuer von Paris nach Madrid, nach Rom und vielleicht noch anders wohin trägt, sind andere Dinge nothwendig, als die Aufrichtung unbezwinglicher Grenzen und der Abschluß von Allianzen; über diesen zweiten Gegenstand werden die drei Kaiser in Berlin sich wohl ernstlich besprochen haben, und ich zweifle sehr, ob der Krieg gegen die katholische Kirche als das beste Mittel erschienen ist, um diese Gefahr zu beschwören.

II.

Ich habe soeben untersucht, welches der Charakter und die Tragweite der Berliner Zusammenkunft ist und worin die Politik, welche Fürst Bismarck daselbst zur Geltung bringen wollte, besteht. Ich habe nicht an den Thüren der Salons, wo die drei Kaiser und ihre Kanzler sich beriethen, gehorcht; aber es ist nicht schwer zu errathen, was man daselbst gesprochen, ja sogar, was man daselbst gedacht hat.

Man darf die Bedeutung dieser Unterredungen nicht übertreiben. Die Berliner Zusammenkunft wird geradeso wie die zahlreichen Zusammenkünfte, welche Napoleon III. mit dem Kaiser von Oesterreich, mit englischen Ministern und mit dem Czar gehabt, für die Lösung der schwebenden europäischen Fragen kein positives Resultat haben; wie wir oben gesagt: sie ist kein Congreß und keine Allianz; und es wird kein das europäische Gleichgewicht regelnder Vertrag daraus hervorgehen. Dasjenige, worauf Fürst Bismarck vor Allem Werth legte, war die Anwesenheit der zwei Kaiser mit ihren Räthen in der Hauptstadt des neuen Reiches.

Diese Anwesenheit allein bedeutet in den Augen des Fürsten-Kanzlers:

Die Anerkennung des Deutschen Reiches, die feierliche Bestätigung der Friedensschlüsse von Prag und Frankfurt, als Grundlagen des neuen europäischen Gleichgewichts;

die Unmöglichkeit für Frankreich, einen mächtigen Bundesgenossen, welcher ihm einen Wiedervergeltungskrieg zu unternehmen erlaubte, zu finden;

von Seiten Oesterreichs — das vollständige Aufgeben jeglichen Gedankens an eine Rückkehr zur alten deutschen Politik und eine

Zurückweisung jeglicher geheimen Uebereinstimmung mit dem partikularistischen Widerstand der Mittelstaaten.

Ich werde jetzt untersuchen, ob der Gegenwart des Hauptes der Habsburgischen Dynastie in Berlin auch die Bedeutung einer Mißbilligung der katholischen Bewegung, welche durch die Verfolgung der Kirche in ganz Deutschland hervorgerufen wurde, gegeben werden kann.

Sicherlich zeigt diese Politik des Fürsten Bismarck, ich möchte nicht sagen Größe, aber Gewandtheit und Kühnheit, und ein seltener Erfolg hat sie gekrönt. Als ich den Fürsten Bismarck Preußen, das vor wenigen Jahren noch kaum zu den Großmächten zählte, durch die Siege von 1866 und 1871 zu der Größe des Deutschen Reiches erheben sah, als ich diese staunenswerthen Resultate bemerkte, war ich einen Augenblick versucht, den Fürsten Bismarck für einen großen Minister, für einen zweiten Richelieu oder Stein zu halten.

Ich war zu diesem Urtheil um so geneigter, da ich, als Belgier, für die ehrliche und rechtliche Politik, welche er in Bezug auf Napoleon III. vor dem letzten Kriege verfolgt hatte, dankbar war. Es ist jetzt, nachdem die diplomatischen Schriftstücke zur Oeffentlichkeit gelangt sind, Niemand mehr zweifelhaft, daß Napoleon III., um den unverzeihlichen Fehler, welchen er durch die Begünstigung des Krieges von 1866 zwischen Preußen und Oesterreich begangen hatte, wieder gut zu machen, in Luxemburg und Belgien die nothwendige Ausgleichung für die Vergrößerung Preußens zu erlangen suchte. Man kennt den Entwurf Benedetti's, den alles zweideutige und ängstliche Leugnen nicht wegschaffen wird.

Ich hatte in meiner Schrift vom Jahre 1865 die Existenz dieser Verschwörung richtig erkannt und ausgesprochen, und bin von der Rednerbühne Belgiens herab als politischer Geisterseher und fast als Vaterlandsverräther behandelt worden, weil ich die Regierung meines Vaterlandes vor diesen Klippen gewarnt hatte. Die Ereignisse haben mich vollständig gerechtfertigt, und alle Welt ist heute davon überzeugt, daß die Gefahren, in welchen wir einen Augenblick schwebten, thatsächlicher, näher und größer waren, als ich selbst geglaubt hatte.

Der Krieg von 1870 war die Folge der Weigerung der Berliner Regierung, auf die verbrecherischen Absichten Napoleons III. einzugehen; die Ehre davon gebührt Herrn von Bismarck und der Rechtlichkeit Wilhelms I. Ich hatte auf zwei drohende Gefahren aufmerksam gemacht: die eine diplomatischer Art, eine Allianz Frankreichs und Preußens, wobei Belgien zum Einsatz und Opfer gedient hätte; die andere ein Krieg zwischen diesen beiden Nationen, der mit dem Siege Frankreichs endete. Wir sind fast wunderbar diesen beiden Gefahren entgangen; der Krieg von 1870 hat Belgien aus den diplomatischen Verschwörungen gerettet, und ich kann dies als Belgier nicht vergessen [1]).

---

[1]) In dieser Schrift aus dem Jahre 1865, die mir einen parlamentarischen Kampf eintrug, hatte ich auf jene doppelte Gefahr einer Allianz, durch welche vielleicht die belgische Frage angeregt würde, oder eines Krieges an unseren Grenzen, der vielleicht auf unser Gebiet hinübergespielt würde, aufmerksam gemacht. Ich rieth zur Beilegung unserer politischen Zwietracht, um dieser doppelten Gefahr desto besser widerstehen zu können. Dies war der kurze Inhalt meiner Broschüre.

Meine Gegner, auf der Tribüne wie in der Presse, läugneten diese Gefahren, die sie als eingebildete erklärten; sie beschuldigten mich, eine belgische Frage geschaffen und die Aufmerksamkeit des Auslandes auf dieselbe gezogen zu haben.

„Was hatte ich dem ehrenwerthen Herrn Dechamps vorgeworfen? — sprach Herr Dolez, — daß er behauptete, unsere Nationalität sei von Gefahren umringt und es gebe eine belgische Frage, bei der unsere Unabhängigkeit verloren gehen könne."

Herr Frère-Orban macht sich in anmuthiger Weise über meine Prophezeiungen lustig; er nannte mich „eine Wache, die von ihrem Thurme aus entdeckt, was andere nicht sehen würden, und die sich einbildet etwas gesehen zu haben, was noch Niemand anders gesehen hat. Heute, so

Belgien ist seit dem letzten Kriege in einer neuen, noch nicht genügend beachteten Lage. Seit lange der Gegenstand der Gelüste, besonders des napoleonischen und des republikanischen Frankreichs, hatte Belgien vor Allem eine Allianz zwischen Frankreich und Preußen zu fürchten; es wäre den aus dieser Allianz entspringenden diplomatischen Combinationen zum Opfer gefallen. Das waren die Absichten Napoleons III. bei den Benedetti'schen Unterhandlungen; das die Gefahr, die meinen Patriotismus vor dem letzten Kriege in Aufregung versetzte. Heute ist diese Gefahr vorüber.

Eine Allianz zwischen dem deutschen Reich und Frankreich ist auf lange Zeit hinaus unmöglich geworden. Es gibt aber zudem einen anderen noch kräftigeren Grund, auf welchem unsere vollständige Sicherheit beruht: die Existenz eines neutralen und starken Belgiens ist von nun an für das Deutsche Reich von unbedingter Nothwendigkeit. Seitdem die Berliner Regierung den Besitz von Metz und die Maas- und Vogesen-Linie als vom strategischen Standpunkte aus unentbehrlich erkannt hat, darf sie unter keiner Bedingung zugeben, daß das unabhängige

fügte er bei, wo Nichts, absolut Nichts vorhanden ist, wodurch das Land beunruhigt sein könnte, sagt man uns mit leicht zu durchschauender Berechnung: Wir müssen still sein, wir müssen uns versöhnen; um Belgien aus einer vorgeblichen Gefahr, die gar nicht vorhanden ist, zu retten, muß die liberale Partei aufhören, den Bestrebungen der Clericalen entgegen zu treten"

Wie denkt Herr Frère-Orban wohl heute darüber? Während er als Minister von der Tribüne herab diese beruhigenden und optimistischen Erklärungen gab, hatte Herr Benedetti mit dem Herrn von Bismarck die Unterhandlungen, in welchen die belgische Frage eine Rolle spielte, begonnen. Das war die diplomatische Gefahr. Die andere Gefahr ist uns nach Sedan offen dargelegt worden. General Wimpfen hat unserem General Chazal erklärt, man habe bei Sedan ernstlich davon gesprochen, ob man nicht auf belgischen Boden übertreten solle. Das hieß unser Gebiet verletzen und den Krieg herüberspielen.

Belgien von der Karte verschwinde, und daß Frankreich die belgische Maas und Schelde in Besitz nehme. Unsere Neutralität deckt den Rhein an der Lücke zwischen Sambre und Maas, aber sie deckt ihn nur dann, wenn sie, nach dem Maße als unsere finanziellen Hilfsquellen es erlauben, eine politisch und militärisch starke ist.

Soll unsere Neutralität zur Sicherung des europäischen Friedens dienen, so muß sie ehrlich sein, muß eine bleibende Schutzwehr gegen jeden Angriff, sei es von Osten oder von Süden her „bieten und darf sich gegen Niemand feindselig zeigen. Aber man wird leicht einsehen, daß wenn Belgien wirklich eine Schutzwehr und eine Garantie sein soll, es gerüstet und gegen einen ersten Angriff widerstandsfähig bleiben muß; würde es diese Aufgabe nicht erfüllen, so wäre es politisch überflüssig und im Kriegsfall wäre die schlimme Folge dieses Fehlers die Occupation. So ist es eigentlich schon vor dem letzten Kriege gewesen, und ich habe in dieser Beziehung meine Ansicht nie geändert; aber seit der neuen Lage der Dinge in Europa, wie dieser Krieg sie geschaffen hat, ist jene Wahrheit noch viel evidenter geworden und haben sich unsere europäischen Verpflichtungen verdoppelt. Es ist von höchster Wichtigkeit, daß alle unsere Politiker, ohne Unterschied der Parteien, und daß das ganze Land die Stellung, welche uns die letzten Ereignisse gegeben haben, wohl erfassen.

Weit entfernt also gegen das Deutsche Reich feindselig gesinnt zu sein, finde ich in demselben eine neue Garantie für die Unabhängigkeit meines Vaterlandes. Unsere Neutralität ist durch alle Mächte und durch Verträge gewährleistet; aber man hat sich seit dem Beginn des napoleonischen Kaiserreichs daran gewöhnt, England als den besonderen Beschützer unserer nationalen Unabhängigkeit zu betrachten; heute, wo das Deutsche

Reich ein specielles und hohes Interesse an unserer Unabhängigkeit nimmt, ist zu der einen besonderen Stütze eine zweite hinzugekommen.

Es ist nothwendig, daß ich diese Erklärung abgebe in dem Augenblick, wo ich die Politik des Herrn von Bismarck einer strengen Kritik zu unterziehen gedenke. In der historischen Skizze, welche ich soeben mit wenigen Strichen entworfen habe, bin ich im Loben nicht sparsam gewesen, und wenn Herr von Bismarck diese Zeilen liest, wird er über die Anerkennung, welche ich bis hierher seiner Politik gezollt habe, sich nicht beklagen können. Im Folgenden werde ich mit der Kritik nicht zurückhalten. So sehr ich die Politik, welche auf den Krieg vorbereitete, bewundert habe, so wenig vermag mein Verstand die Politik zu begreifen, welche in Berlin seit dem Friedensschlusse verfolgt wird, und welche mir der gerade Gegensatz zu der früheren zu sein scheint.

Diese Politik ist mir dermaßen unverständlich, daß ich mich frage, ob nicht Fürst Bismarck, welchen ich für ein politisches Genie, ähnlich dem Herrn von Stein, gehalten hatte, dieselbe irrige Bahn betritt, welche Napoleon III. ins Verderben gestürzt hat.

Napoleon III. ist ebenfalls Herr von Europa gewesen; das zweite Kaiserreich behauptete mehrere Jahre hindurch eine europäische Obermacht, und es würde sich dieselbe ohne die zahlreichen Fehler der kaiserlichen Politik noch lange haben erhalten können. Napoleon III., welcher von Allen verlassen, seine Regierung angetreten hatte und welchem man geringschätzig die Anerkennung als Vetter versagt hatte, befand sich gleich nach dem Krimmkriege und dem Pariser Congresse an der Spitze der großen westeuropäischen Allianz mit England und Oesterreich; er hatte Rußland isolirt und Preußen seiner Geltung beraubt;

er nahm in Europa die erste Stelle ein; er hatte einen Stern, er glaubte an denselben und ganz Europa glaubte es ebenfalls; die Könige und Kaiser kamen nach Fontainebleau und in die Tuilerien, um sich die Gunst des Emporkömmlings, der zu einem Ludwig XIV. geworden war, zu erwerben, gerade so wie sie soeben in Berlin gethan haben.

Als ich Napoleon III., auf der Höhe einer solchen Stellung, diese herrliche westeuropäische Allianz, welcher er sein großes Glück verdankte, wie ein unvernünftiges Kind mit eigenen Händen plötzlich zerreißen sah; als ich ihn auf dem Pariser Congresse sich mit Herrn von Cavour einlassen sah, um jenen verhängnißvollen Krieg Italiens gegen Oesterreich, die erste Ursache seines Unglücks, anzubahnen; als ich ihn von der geraden Straße der conservativen Principien, welche er zur Richtschnur zu nehmen geschworen hatte, abweichen sah, um die krummen und finstern Wege der Revolution zu wandeln, da war er in meinen Augen für immer gerichtet. Ein Mann, der einer solchen Thorheit fähig war, erwies sich weder als Staatsmann, noch als politisches Genie, er war ein glücklicher Abenteurer, den die Ereignisse getragen und verwöhnt hatten, der aber nicht die Ereignisse sich dienstbar zu machen verstand.

Es war damals, im Jahre 1859, beim Beginn des italienischen Krieges, daß ich mein erstes Buch über das zweite Kaiserreich erscheinen ließ. Ich stand nicht an, auszusprechen, daß der Krieg in Italien, so großen militärischen Ruhm er auch dem Kaiser einbringe, nichtsdestoweniger unfehlbar eine politische Niederlage sein werde, die den Sturz des Kaiserreichs herbeiführen würde. „Ist man an dieser Stufe angekommen, sagte ich, so schwindelt der Kopf auch den Vernünftigsten," und ich wählte zum Motto meiner Schrift jene Worte, welche der alte Fürst Metternich, da er von dem seltenen Glück des Kaisers der

Franzosen sprach, zu mir gesagt hatte: „Er hat Glück, er hat schöne Karten in der Hand und er spielt gut, aber er wird als revolutionärer Kaiser an der italienischen Klippe zu Grunde gehen." Diese merkwürdige Prophezeiung, die lange vor dem Kriege in Italien gemacht wurde, hat sich buchstäblich erfüllt, und meine Schrift vom Jahre 1859 war nur die durch die Ereignisse bestätigte Erklärung derselben.

Herr von Bismarck ist ebenfalls auf der Höhe seines Triumphes; er ist an seinem Pariser Congreß. Preußen, welches noch vor wenigen Jahren im Rathe Europa's fast keine Stimme hatte, ist auf einmal zum Deutschen Reich geworden, und der Deutsche Kaiser läßt seine Siege, seine Eroberungen und seinen politischen Vorrang durch den Czaren und den Kaiser Franz Joseph in Berlin anerkennen und bestätigen, wobei er Frankreich isolirt und England, welches mit seiner Enthaltungs-Politik bei Seite gesetzt ist, der Geltung beraubt hat.

Wohlan! Ich zögere nicht, in eben der Stunde des Triumphes, in welcher die Politik des Herrn von Bismarck zu Berlin ihre Krönung findet, in Mitten der Festlichkeiten, deren Lärm in ganz Europa wiedertönt, ihren endlichen Mißerfolg vorher zu verkünden, wenn er nicht andere Bahnen einschlägt. Der Grund dieser meiner Behauptung in dem Augenblicke, wo die Lage der Dinge derselben geradezu entgegengesetzt zu sein scheint, liegt darin, daß Herr von Bismarck einen von jenen Fehlern, ich will nicht sagen eine von jenen politischen Thorheiten begeht, welche der Vernunft zuwider sind und welche den Vordersatz eines Syllogismus bilden, dessen Schlußsatz eine unabwendbare Niederlage ist. Dieser Fehler ist genau derselbe, wie jener Napoleons III., welcher, in Folge seiner Allianz mit dem revolutionären Italien, von Mexiko nach Sadowa, und von Sedan nach Chislehurst geführt wurde. Auch bei Herrn von

Bismarck besteht der Fehler, welchen er noch bereuen wird, in seiner Allianz mit Italien, das ihn zu jenem Kriege gegen die katholische Kirche verleitet, der noch immer unheilvoll für die gewesen ist, welche ihn unternommen haben, und der das Werk der deutschen Einheit, welches mit seinem Namen eng verknüpft ist, untergräbt. Die Ueberschrift meines Buches über **das zweite Kaiserreich**, welche ich dem Fürsten Metternich entlehnte, hätte ich auch als Motto für diesen Brief gebrauchen können, indem ich sie auf Herrn von Bismarck und den Deutschen Kaiser anwendete, vorausgesetzt, daß das Haupt der Hohenzollern'schen Dynastie auf dem revolutionären Wege beharrt, auf welchen Fürst Bismarck es verleitet hat: „er wird ebenfalls als revolutionärer Kaiser an der italienischen Klippe zu Grunde gehen."

Ist es zu weit gegangen, wenn ich so dem Fürsten Bismarck und dem Deutschen Kaiser dicht neben dem Capitole, welches sie erstiegen haben, den tarpeischen Fels zeige? Bin ich ungerecht gegen den Herrn Reichskanzler? Niemand hatte von seinem politischen Werthe eine höhere Idee als ich, und in der Besprechung seiner großartigen Erfolge habe ich in diesem Briefe weder Lob noch Bewunderung gespart. Wenn ich mich darum zu einer Vergleichung zwischen Napoleon III. und ihm genöthigt sehe, indem ich an den Fehler, den der Kaiser der Franzosen im Jahre 1859 begangen, seinen heutigen bemesse, so muß ich ihn um Verzeihung bitten, denn ich mache doch einen großen Unterschied zwischen diesen beiden Persönlichkeiten unserer Zeit. Während Napoleon III. ein unentschlossener Mensch, voll träger Schläfrigkeit und beständigen Zauderns war, weiß Fürst Bismarck seine Pläne mit zäher Ausdauer und mit Kühnheit zu verfolgen; aber gerade diese Zähigkeit kann um so gefährlicher werden, wenn er einen Weg betritt, der zum

Abgrunde führt; er wird um so rascher und unerrettbarer voran=
schreiten, als er nicht sich einzuhalten und zurückzuweichen versteht.
Untersuchen wir also jetzt die Politik des Herrn von
Bismarck.

Vor Allem muß, ohne ihm etwas von dem Antheil, den
er offenbar an den Triumphen Preußens hat, entziehen zu wol=
len, dennoch anerkannt werden, daß ein anderer nicht unbedeu=
tender Theil dem Grafen Moltke zukommt, dem ersten Feldherrn
unserer Zeit, und ein ebenso beträchtlicher Theil den Fehlern
seiner Gegner, Oesterreich und dem kaiserlichen Frankreich. Wenn
z. B. Napoleon III. nicht im Jahr 1866 Oesterreich verrathen hätte,
indem es die Allianz Preußens und Italiens unterstützte und
begünstigte, so wäre der Krieg gegen Oesterreich unmöglich ge=
wesen, und der Sieg von Sadowa wäre nicht eingetreten, der
unsinnige Krieg von 1870, der durch diesen Sieg hervorgerufen
wurde, hätte weder Grund noch Vorwand gehabt; Frankreich
läge nicht darnieder, Oesterreich hätte seine einflußreiche Stellung
in Deutschland behalten und das Deutsche Reich zum Vortheil des
preußischen Einheitsstaates hätte sich nicht gebildet.

Zur Gründung der Deutschen Einheit, des Deutschen Kai=
serreichs, hat Napoleon III. fast ebensoviel beigetragen, als Herr
von Bismarck. Der große Kanzler fand zwei Werkzeuge, die nicht
er geschaffen hat, vorräthig: das militärische Genie Moltke's
und die Verblendung Napoleons. Wenn ich meinen ganzen Ge=
danken aussprechen soll, so muß ich noch zufügen, daß der Deutsche
Kaiser, wie er es selbst nach seinen Siegen ausgesprochen hat, nur
das Werkzeug in der Hand der Vorsehung zur Bestrafung
Frankreichs gewesen ist. Frankreich war seiner Geschichte untreu,
mit welcher es gebrochen hat; es war der Monarchie untreu, der
es seinen Ruhm, und der Kirche, der es seine Größe verdankt;
es hat in einem zweifachen Abfalle seinen politischen und seinen

religiösen Glauben verloren; es hat keine festen Ordnungen mehr, da dieselben hintereinander durch das alte Regime und durch die Revolution weggeräumt sind; es vermag nicht mehr zur Monarchie zu gelangen, deren Elemente durch die revolutionären Stürme zerstreut sind, und es vermag die Republik nicht zu erhalten, für welche ihm die Sitten, die historischen, wie die politischen und socialen Bedingungen fehlen; es ist in jenem Zustande, in welchen die dem Tode geweihten Völker bei ihrem Verfall gerathen und aus welchem die Völker, die Gott retten will, nur durch Strafgerichte, durch Eisen und Feuer, herauskommen. Herr von Bismarck war dieses Eisen und dieses Feuer, und kann es noch weiterhin sein. Das ist vielleicht eine Ehre, aber es rechtfertigt nicht den Stolz.

Die politische Arbeit, durch welche das Deutsche Reich zu Stande gebracht wurde, verdient darum Lob und sie macht sicherlich dem politischen Talente des Fürsten Bismarck Ehre, aber sie genügt dennoch nicht, um ein bestimmtes Urtheil über ihn fällen zu können. In der Arbeit des Friedens erst offenbart sich der Politiker, und ich muß sagen, hier finde ich Herrn von Bismarck nicht mehr auf der Höhe, zu welcher ihn die Ereignisse emporgehoben haben. So sehr man ihn zur Zeit der Kriege verständig, glücklich, fast groß nennen konnte, so sehr bin ich geneigt, denselben in der gegenwärtigen Periode der Organisation kurzsichtig und blind zu nennen.

Dieses Organisationswerk ist schwierig; es verlangt Klugheit und Zeit; Herr von Bismarck betreibt es mit Uebereilung, mit Gewalt und mit Erregtheit.

Die Deutsche Einheit zu Gunsten Preußens konnte vor dem Kriege von 1866 nicht vorhergesehen werden. Als der Kaiser von Oesterreich im Jahre 1863, die Bundesreform in der Hand, seinen feierlichen Einzug in Frankfurt hielt, war er von allen deutschen Fürsten umgeben; Preußen war allein, von ganz Deutschland verlassen, und wenn sich nicht Napoleon III. thörichterweise den Absichten des Kaisers Franz Joseph widersetzt hätte, so wäre der Deutsche Kaiser nicht in Berlin, sondern in Wien gekrönt worden.

Nach dem Kriege von 1866 war der preußisch-deutsche Einheitsstaat nicht fertig; Sachsen und die Südstaaten, welche an der Seite von Oesterreich gekämpft hatten, waren die Besiegten; sie unterzogen sich mehr gezwungen als freiwillig den Bedingungen, die Preußen ihnen auferlegte. Norddeutschland hatte den Main zur Grenze, und die Mittelstaaten wurden noch immer nach Wien, ihrem alten Schwerpunkte, hingezogen.

Es war dem Kriege von 1870, den Napoleon trotz dem patriotischen Widerspruche des Herrn Thiers ganz Deutschland erklärte, vorbehalten, jene Einheit plötzlich zu Stande zu bringen; und die Einheit, welche alle Deutschen unter einer gemeinsamen Fahne vereinigte, empfing so die Taufe des Blutes und des Ruhmes.

Aber der preußisch-deutsche Einheitsstaat, welcher sich durch den Krieg in der Eile gebildet hatte, war noch nicht befestigt; manche Schwierigkeiten blieben zu überwinden.

Herr von Bismarck fand zwei starke Gegner zu bekämpfen: den Partikularismus der Mittelstaaten und die Social-Demokratie, welche die Einheit zu ihrem Vortheile zu benutzen sucht, um das deutsche Kaiserreich mit der deutschen Republik zu vertauschen.

Manche Zeichen deuten darauf hin, daß die partikularistische Bewegung, welche während des Krieges geruht hatte, sich wieder erheben will, und sicherlich tragen die Feindseligkeiten gegen die Katholiken zu ihrer Wiederbelebung bei. Die Zeichen des Erwachens dieser Bewegung sind zahlreich und ich habe nicht nöthig, sie aufzuzählen; sie sind in Berlin ganz gut bekannt und sie haben sich ohne Zweifel seit dem religiösen Kriege, den Herr von Bismarck eröffnet hat, bedeutend vermehrt.

Der Partikularismus der Staaten ist also nicht todt, und die rothe Demokratie ist sehr lebendig. Dies sind die beiden großen Schwierigkeiten, denen die Politik des Herrn von Bismarck begegnet, zu denen eine dritte hinzu kommt: die Verschmelzung der eroberten Provinzen, Elsaß und Lothringen, mit Deutschland, welche durch die Bande der Geschichte, der Religion, der Sitten und der Interessen so französisch sind.

Um diese Schwierigkeiten zu überwinden, um die Einheit, die Grundlage des neuen Reiches zu befestigen, um das große Werk zu vollenden, hat Herr von Bismarck Klugheit und Zeit, und die Hand eines wahrhaften Staatsmannes nöthig.

Was thut nun aber Fürst Bismarck? Zu den drei vorhandenen bedeutenden Schwierigkeiten fügt er eine größere, gefährlichere hinzu; eine Schwierigkeit, die nicht bestanden hatte, die er absichtlich geschaffen, die er ohne allen Grund vom Zaun gebrochen hat, und die ihn verderben wird, nämlich die religiöse, den offenen Krieg, die wahrhafte Verfolgung, welche er gegen die Katholiken organisirt. Er hatte die partikularistische und die radicale Opposition zu bekämpfen und er ruft selbst mit voller Ueberlegung eine dritte ins Leben, ohne Nutzen und ohne Grund: die Opposition von vierzehn Millionen Katholiken, um ihre Bischöfe geschaart, ein sehr beträchtlicher Theil des neuen Kaiserreiches, welches er so mit eigenen Händen erschüttert und zu Grunde richtet.

Kann man sich etwas Unbegreiflicheres und Unvernünftigeres denken?

Welchen Zweck verfolgt Herr von Bismarck? Welche Gedanken und welche Absichten leiten ihn? Der Herr Reichskanzler ist kein Narr und kein Blinder, das hat er bewiesen, und dennoch, ist es nicht Thorheit und ist es nicht Verblendung, so ohne stichhaltigen Grund, mit dem Leichtsinn des Herrn E. Ollivier, vierzehn Millionen Katholiken mit ihrem ganzen Clerus und all ihren Bischöfen zu einem Widerstand zu reizen, der um so unnachgiebiger und gefährlicher sein wird, als er sich auf das bedrängte Gewissen, auf die unterdrückte Freiheit, auf die Verletzung der Verfassung, auf die Beiseitesetzung von Recht und Gerechtigkeit berufen wird?

Ich habe diese Fragen Männern aus allen Parteien in Deutschland vorgelegt und habe nie eine klare und befriedigende Antwort erhalten.

Die deutschen Katholiken hatten sich im Kriege überall hervorgethan; die bayerischen, westphälischen und rheinischen Truppen waren überall die ersten im Feuer und standen an Ehren und Ruhm hinter keinem zurück. Die Priester, die Ordensmänner und Ordensfrauen zeigten auf den Schlachtfeldern, bei den Ambulanzen und in den Spitälern eine heldenmüthige Aufopferung, und Herr Windthorst konnte im Berliner Reichstage sagen, daß viele von diesen Ordensleuten, die Brust geschmückt mit dem eisernen Kreuze, das sie sich im letzten Feldzuge erworben, in die Verbannung gingen [1]).

Die alte Abneigung gegen Preußen, welche bei den katholischen Bevölkerungen längst des Rheines und jenseits des Maines geherrscht hatte, war erloschen. Die religiöse Freiheit, die in Preußen weiter ging als in den Kleinstaaten, hatte die Katholiken für die Einheit unter preußischer Führung gewonnen, und der berühmte Bischof von Mainz, Herr von Ketteler, erhob in

---

[1]) 1909 Geistliche, Ordensmänner und Ordensfrauen haben sich mit der körperlichen und geistigen Pflege von 21,000 Verwundeten und Kranken beschäftigt, und dieß blos aus Liebe zu Gott und ihren Nebenmenschen.

einer Schrift, die in Deutschland und in Europa lebhaften Anklang fand, die Fahne des Zusammenhaltens und der Einigung. Das Deutsche Reich war demnach seiner Vollendung nahe; da erregte Herr von Bismarck den confessionellen Kampf, der es spaltet und zerreißt. Der Krieg hatte die Deutschen aller Stämme und Culte unter Einer Fahne vereinigt; mußte man sie nicht bei dem gemeinsamen Werke der Organisation des Kaiserreichs mit aller möglichen Sorgfalt vereinigt halten? Mußte es nicht nach einem so wunderbaren Erfolge und den Hindernissen gegenüber, die noch zu überwinden waren, der erste Gedanke eines Staatsmannes sein, den religiösen Frieden zu befestigen?

Nun aber, noch einmal, was thut Herr von Bismarck? Er stößt die ausgesöhnten Rheinländer und Westphalen von sich weg; er regt in Bayern und den anderen Südstaaten den Partikularismus, der am Erlöschen war, von Neuem auf, und er fügt zu der erlittenen politischen Beeinträchtigung die religiöse hinzu; er verdoppelt die Hindernisse aller Art, die er zu überwinden hat, um Elsaß und Lothringen, die so französisch und so katholisch sind, zu germanisiren; er ruft in den blutenden Wunden den Brand hervor, indem er dort eine unerhörte und unbegründete religiöse Verfolgung betreibt; er bringt das Werk der Einigung, an welchem er so kräftig mitgeholfen hatte, ernstlich in Gefahr, er benimmt sich wie der größte Gegner dieser Einheit, der um sie zu zerstören nichts Besseres zu erfinden wüßte, als was Fürst Bismarck soeben thut; er reizt die Hälfte der Bevölkerung der besten deutschen Länder gegen sich auf; er macht die 200 Millionen Katholiken, welche die Erde bewohnen und welche überall protestiren, zu seinen Gegnern; er wird auch die Alt-Conservativen, welche er durch das Schulaufsichtsgesetz tief verletzt hat, und alle wahren Freunde der von ihm so gröblich verletzten religiösen und politischen Freiheit, sich zu Feinden machen.

Freilich werden diese Freunde der Freiheit selten; sie beobachten gegenüber jener gehässigen Verletzung ihrer Grundsätze ein schmähliches Stillschweigen, aus welchem sie werden heraustreten müssen, wenn sie nicht den Liberalismus als mit Heuchelei gleichbedeutend hinstellen wollen.

Hatte ich Unrecht, die Politik des Herrn von Bismarck mit der Napoleons III. und seinen jetzigen Fehler mit demjenigen zu vergleichen, welchen der Exkaiser beging, als er nach dem Pariser Congreß die großartige westliche Allianz aufgab?

Wenn ich mir die Handlungsweise des Herrn von Bismarck zu erklären suche, so finde ich nur Einen Grund, der zu ihrer Erklärung dienen könnte: seine Allianz mit Italien. Diese Allianz, welche er für nöthig hielt, um die Streitkräfte Frankreichs zu theilen und einen Vergeltungskrieg unmöglich zu machen, verführte ihn zu der verhängnißvollen Feindseligkeit gegen die katholische Kirche.

Sein Verbündeter Victor Emmanuel hat mit List und Gewalt die römischen Staaten erobert; er hat widerrechtlich zu Rom vom Throne des Papst=Königs, der für seine Souveränität sicherlich die ältesten und ehrwürdigsten Titel unter allen Monarchen Europa's in Händen hat, Besitz ergriffen; er hält den Papst im Vatikan gefangen und wartet auf die Gelegenheit, ihn zur Abreise in die Verbannung zu zwingen; er raubt dem Oberhaupt der Kirche die Voraussetzung seiner Unabhängigkeit, die Souveränität, und versetzt dadurch die ganze Kirche in Unruhe und in Trauer.

Dieses von der italienischen Regierung in Rom begangene Attentat auf die Kirche fand in Berlin seinen Gegenschlag. Die Bedingung, unter welcher Victor Emmanuel die Allianz zusagte, wird wohl die gewesen sein, daß das Deutsche Reich sich an der großen Verschwörung gegen die Unabhängigkeit und die Freiheit der katholischen Kirche betheilige.

Wohlan! Ohne Prophet zu sein, ist es nicht schwer vorauszusagen, daß die italienische Allianz dem Deutschen Kaiserreiche ebenso verhängnißvoll werden wird, wie sie es dem zweiten napoleonischen Kaiserreich geworden ist, und daß Bismarck's Werk an der italienischen Klippe scheitern wird, wenn er es auf dem Wege beläßt, auf welchem es sich festfährt.

III.

Fürst Bismarck hält sich für den Nachfolger des Herrn von Stein, welchem er ein Denkmal hat errichten lassen und dessen große Politik er fortzusetzen vorgibt. Das ist ein schwerer Irrthum; denn weit entfernt, diese Politik zu befolgen, verläßt und verräth er sie.

Stein und seine ganze Schule haben, wie Burke und Pitt, das Princip der französischen Revolution bekämpft. Die französischen Ideen waren am Ende des vorigen Jahrhunderts nach Deutschland eingedrungen und die Armeen der ersten Republik hatten keine Mühe, ein Land, welches durch diese Ideen schon erobert war, durch ihre Waffen zu erobern.

Freiherr von Stein, dieser Wiederhersteller des deutschen Vaterlandes und der deutschen Freiheit, war der Todfeind der französischen Revolution. Seine Aufgabe und sein Werk war es, Deutschland von dem verderblichen Wege, auf welchen es, Frankreich folgend, gerathen war, wieder abzubringen und es auf seinen geschichtlichen Weg zurückzuführen.

Er konnte Preußen vor der Niederlage von Jena nicht bewahren, aber er bereitete es durch wirksame und kluge Reformen zu der Wiedervergeltung von Waterloo und von Sedan vor. Er bildete Scharnhorst, den Begründer des militärischen Preußens, dessen Werk Graf Moltke einfach fortsetzte; er war die Seele der vaterländischen Bewegung von 1813; er, im Verein mit Scharnhorst, Stadion und Gagern, gab Deutschland diese mächtige Anregung, aus welcher dessen heutige hohe Stellung hervorgegangen ist; er war der große Beschützer der deutschen historischen Schule, des geraden Gegensatzes zur französischen revolutionären Schule, deren einflußreiche Glieder Niebuhr, Eichhorn, Schlegel, Görres, die beiden Grimm, von Savigny und Andere waren, und welche Herr von Sybel fortgesetzt hat[1]).

Stein war conservativ, patriotisch und christlich. Was er in der französischen Revolution bekämpfte, war jenes abstrakte, philosophische System, welches alle nationalen Ueberlieferungen zerstört, und welches von Frankreich angenommen worden war; es war der Geist der ausschließlichen und strengen Gleichheit, welcher in Frankreich zur Herrschaft kam, und in Folge dessen es, wie Tocqueville sagt, die Freiheit verlor; es war jener demokratische und cäsaristische Absolutismus, jene Vernichtung des Individuums, jene Beiseitesetzung des Rechts, jener Cultus der Gewalt, jene Unterdrückung alles localen, provinziellen, selbstständigen Lebens, jene Uebertreibung der Idee des Staates, jene Unterdrückung der religiösen Freiheit, des christlichen Unterrichts, der katholischen Kirche, was alles den Charakter der französischen Revolution ausmachte.

Stein wollte ein einiges, großes, aber föderalistisches, christliches, freisinniges, auf Tradition und Geschichte begründetes

---

1) Wenn der Verfasser und Herr Baron von Hauleville, auf dessen Artikel im Juniheft der Revue générale über „die Kirche und das neue Deutsche Kaiserreich," er sich beruft, Herrn von Sybel zur deutschen historischen Schule rechnen, so haben sie wohl höchstens dessen Werk über die französische Revolution dabei im Auge gehabt. Heute verfolgt Herr von Sybel eine ganz andere Richtung. A. d. Ü.

Deutschland; er wollte, daß es den Gegensatz bilde zu dem Frankreich der Revolution, wie dies Burke in Bezug auf England im Auge hatte.

Wird nun aber dieses Werk des Herrn von Stein, das durch sein reformatorisches Genie geschaffene Deutschland, nicht durch Herrn von Bismarck zerstört? Die nationalliberale Partei, auf welche dieser sich stützt, ist nichts anderes, als eine französische doctrinäre Partei, Feindin alles Geschichtlichen, Traditionellen und Religiösen, welche auf die radikale Demokratie der Gleichheit vorbereitet, eine Partei des Absolutismus und Cäsarismus, Anbeterin der Centralisation, des vollendeten Einheitsstaates und der Staatsomnipotenz, Gegnerin jedes selbstständigen und freien Gewissens, und jeder unabhängigen Kirche. Nicht die Idee des Protestantismus wird durch diese Partei vertreten, sondern die Idee des Freimaurerthums und des Hegelianismus.

Stein war christlich, conservativ und deutsch; Fürst Bismarck ist Sceptiker, revolutionär und gehört der französischen Schule an; Stein war bestrebt, die deutsche Einheit auf der föderalistischen Freiheit, auf der Verbindung von Schule und Kirche, auf dem Frieden der Confessionen zu begründen; Herr von Bismarck verwirft diese Grundlagen, um den absolutistischen und preußischen Einheitsstaat, die von der Kirche getrennte Schule und den religiösen Krieg an ihre Stelle zu setzen.

Es ist eine merkwürdige Thatsache, daß in dem Augenblicke, in welchem die Ideen, welche die französische Revolution beherrscht haben, in Frankreich, selbst von der geistreichsten Fraction der liberalen Schule, von Tocqueville, Thierry, Guizot aufgegeben sind, welche alle den Muth verloren haben und mehr von ihren Enttäuschungen als von ihren Hoffnungen reden, in dem Augenblicke, in welchem Herr Renan behauptet, die französische Revolution sei „ein verfehlter Versuch," in welchem die Revue des deux mondes, durch das Organ des Herrn Montégut, offen „den Bankerott der Revolution" ausspricht; am Tage nach der schließlichen Niederlage dieser Revolution in ihren beiden Regierungsformen: dem Kaiserreich, welches bei Sedan, und der socialen Republik, welche unter den Trümmern der Pariser Commune endigte; daß in demselben Augenblicke Herr von Bismarck es für klug und vernünftig hält, das französische revolutionäre System in Deutschland einzuführen. Herr Renan wird sich freuen; er hat einen Wunsch ausgesprochen, welchen Herr von Bismarck zu erfüllen im besten Zuge ist: „Frankreich, sagte er, wäre nicht verloren, wenn man annehmen könnte, daß nun Deutschland seinerseits in den Hexentanz hineingezogen würde, in welchem wir unsere ganze Kraft verloren haben."

Kurzum, Herr von Bismarck zerreißt und vernichtet, durch den unbegreiflichsten aller politischen Fehler, die deutsche Einheit, das deutsche Kaiserreich, welches durch ein merkwürdiges Zusammentreffen von günstigen Umständen geschaffen worden ist. Er ruft die mächtige Opposition von vierzehn Millionen dem Reiche ergebener Katholiken ins Leben; er gibt dem Partikularismus der Südstaaten und dem Polonismus in Posen neue Nahrung und neue Kraft; er verdoppelt die Schwierigkeiten bei dem Vereinigungswerke von Elsaß und Lothringen, indem er zu den politischen Beeinträchtigungen die viel gefährlicheren religiösen hinzufügt; er entzündet einen unversöhnlichen Religionskrieg auf den Trümmern des confessionellen Friedens, welchen König Friedrich Wilhelm IV. so glücklich zu Stande gebracht, und durch welchen der jetzige Kaiser und die Kaiserin Augusta in der ersten Periode ihrer Regierung die Herzen der katholischen Rheinländer gewonnen hatten. Um seinen Fehler voll zu machen, schließt Herr von Bismarck die italienische Allianz,

welche das zweite napoleonische Kaiserreich ins Verderben ge=
stürzt hat und welche das deutsche Kaiserreich ins Verderben
stürzen wird, und er verläßt die von Stein wieder eingeführte
deutsche geschichtliche Politik, um, der nationalliberalen Partei
folgend, in die Wege der französischen Revolution, in jenen
Hexentanz des Herrn Renan einzutreten, indem er das Gift,
welches Frankreich getödtet hat, seinem Vaterlande einflößt.

IV.

Aber es gibt noch eine letzte Folge der Politik des Fürsten
Bismarck, welche ich andeuten will, und welche nicht die wenigst
wichtige ist.

Oesterreich, welches Italien verloren hatte, war durch den
Prager Frieden aus Deutschland ausgeschlossen worden. Trotz=
dem war das deutsche Reich unter preußischer Führung nicht
fertig, es gab nur ein Nord=Deutschland mit dem Main als
Grenze; die Südstaaten und selbst Sachsen bewahrten eine ge=
wisse Selbstständigkeit, und Oesterreich durfte hoffen, durch eine
kluge Politik diese Länder allmälig wieder in den Bereich seines
Einflusses und seiner Anziehungskraft hineinzuziehen, da sie so
lange gewohnt gewesen, Wien als ihren politischen Pol zu be=
trachten.

Der Krieg von 1871 gegen Frankreich, der alle Deutschen
unter Einer Fahne vereinigt hatte, schuf die deutsche Einheit
und das deutsche Kaiserreich. Die Grenzen des Reiches wurden
vom Maine an die Donau übertragen, und die Hoffnung Oester=
reichs auf Wiederaufnahme seiner alten deutschen Politik mußte
aufgegeben werden.

Oesterreich erkannte diese Lage der Dinge an, und Kaiser
Franz Joseph und seine beiden Räthe, Graf Beust und Graf

Andrassy), suchten eine aufrichtige Versöhnung Oesterreichs mit dem Deutschen Kaiserreiche.

Sie gaben den Gedanken, die Südstaaten wieder in den Kreis des österreichischen Einflusses hineinzuziehen, vollständig auf; sie fürchteten sogar, die deutschen Provinzen Oesterreichs möchten sich allmälig von dem geschwächten Habsburgischen Kaiserreiche loslösen und unwiderstehlich nach Berlin, dem mächtigen und ruhmreichen Mittelpunkt des deutschen Vaterlandes, hingezogen werden.

Diese Furcht wird in diesem Augenblick vollständig geschwunden sein. Die Lage ist in der That gradezu eine umgekehrte geworden. Die im Großen und Ganzen so katholischen Bevölkerungen von Tyrol, von Nieder-Oesterreich und von Böhmen werden jede Neigung zu einer Vereinigung mit dem Deutschen Reiche, in welchem eine heftige Verfolgung gegen ihren katholischen Glauben wüthet, verlieren, und die Bande, welche sie an Oesterreich knüpfen, werden sich dadurch auf's Neue befestigen. Und auf der anderen Seite — werden nicht die Katholiken Rheinlands und Westphalens, Polens, Schwabens, Frankens, Württembergs, Baierns, aus Elsaß und Lothringen, da man sie vom Herzen des Deutschen Reiches, in welchem sie nicht mehr Bürger, sondern Parias sind, zurückstößt, versucht sein, ihre Blicke wieder nach Oesterreich, dem alten Mittelpunkte ihrer Sympathien zu wenden?

Oesterreich hat nur zuzusehen; Herr von Bismarck arbeitet für es.

Der Fürst-Kanzler hat trotz des blinden Vertrauens, welches er auf seine Macht setzt, die Gefährlichkeit dieser Lage erkannt. Um sie zu ändern, gab es ein sehr einfaches Mittel; er mußte seine Politik aufgeben, die Verfolgung gegen die Katholiken einstellen, mußte anerkennen, daß er sich getäuscht habe, und den Weg einer ruhigeren und vernünftigeren Politik betreten. Aber nein: er hat es vorgezogen, auf seinem Wege zu beharren, und versucht, auch Oesterreich auf denselben hinüber zu ziehen. Im vorigen Jahre bemühte er sich zu Gastein den Grafen Beust zu dem Feldzuge, den er gegen die rothe und die schwarze Internationale unternehmen wollte, zu gewinnen; aber Kaiser Franz Joseph vereitelte diesen Versuch. Fürst Bismarck erneuerte seine Bemühungen in demselben Jahre zu Salzburg beim Kaiser selbst, aber zum zweiten Male vergebens.

Hatte er in Berlin bei der Drei-Kaiser-Zusammenkunft einen besseren Erfolg? Beabsichtigte er, nicht bloß dem Deutschen Reiche die Anerkennung Rußlands und Oesterreichs, sondern auch für seine innere Politik gegen den „Romanismus," d. h. gegen die katholische Kirche, ihre Bestätigung zu verschaffen? Oder ist es ihm wenigstens gelungen, dies glauben zu machen? Versuchte er sie in den Krieg mit hinein zu ziehen, den er gegen die Jesuiten, gegen die religiösen Genossenschaften, gegen den katholischen Unterricht, gegen den Clerus und die Bischöfe führt, und der später in Rom fortgeführt werden soll, indem man bei dem zukünftigen Conclave mit verwegener und sakrilegischer Hand die päpstliche Tiara antastet?

Wir werden es bald erfahren. Verfolgt Oesterreich die Politik der centralistischen Partei der deutschen Professoren von Wien und Prag, welcher Graf Beust schon zu viel nachgegeben hat, und welche genau dieselbe ist, wie die Politik der national-liberalen Partei in Berlin, dann besorgt es die Geschäfte des Fürsten Bismarck und nicht seine eigenen, es arbeitet für diesen und nicht für sich selbst; es wendet die Gefahr, welche durch die Fehler des Herrn von Bismarck für das Deutsche Kaiserreich entstanden war, und aus welcher das Austro-ungarische Kaiserreich Nutzen ziehen mußte, wieder ab; es dient in seiner traditionellen

Gutmüthigkeit den Plänen Preußens zum Nachtheil seiner eigenen, und Franz Joseph, der apostolische Kaiser ordnet, seiner Geschichte und seinem Titel untreu, seine Politik derjenigen des protestantischen Kaisers unter.

Ich kann unmöglich glauben, daß ein solches Resultat aus der Berliner Zusammenkunft hervorgehen könnte, obgleich wir an die Ausführung politischer Unmöglichkeiten gewöhnt worden sind; ich möchte mich vielmehr überzeugt halten, daß, wenn Fürst Bismarck es versucht hat, Oesterreich in den Krieg gegen die Katholiken und gegen Rom zu verwickeln, er in Berlin wie in Salzburg an dem gesunden Sinne des Kaisers Franz Joseph gescheitert ist.

V.

Je mehr ich die Politik des Herrn von Bismarck studire, um so weniger verstehe ich sie. Wenn Herr von Bismarck zu einer pietistischen Sekte gehörte, so würde ich den Gedanken, zu der politischen und militärischen Einheit Deutschlands die religiöse Einheit als Schlußstein hinzuzufügen, und so einen protestantischen Staat zu schaffen, begreiflich finden. Das wäre freilich eine armselige Utopie, und man müßte sich, um sie versuchen zu wollen, um drei Jahrhunderte verrechnet haben.

Aber Herr von Bismarck ist kein Sektirer und kein Fanatiker, er ist eher, glaube ich, ein Skeptiker, welcher sich um religiöse Streitigkeiten nicht viel bekümmert, und welcher von der Frage der päpstlichen Unfehlbarkeit, die er als Waffe im Kriege gegen die Kirche gebraucht, wahrscheinlich nur wenig versteht. Herr von Bismarck ist ein Politiker; mit Politik will er und muß er sich beschäftigen; seine Aufgabe ist, ein Kaiserreich, und nicht ein Schisma oder eine Sekte begründen zu helfen. Nun aber bringt er das Kaiserreich, sein politisches Werk, dadurch, daß er den religiösen Frieden, der diesem Werke zu seiner dauernden Befestigung so unumgänglich nöthig ist, auf's tiefste erschüttert, in große Gefahr. Statt des deutschen Staates auf Grund der Einheit und des Zusammenwirkens Aller, scheint er den protestantischen Staat auf Grund der tiefgehendsten und unheilbarsten Spaltungen schaffen zu wollen. Es ist nicht schwer, vorauszusagen, daß er bei der Anstrebung einer religiösen Einheit, die nichts anderes als ein thörichter und unmöglicher Anachronismus ist, die politische Einheit untergraben wird.

Diese politische Handlungsweise, für welche der Fürst-Kanzler den Kaiser Wilhelm, dessen so ruhmvolle Vergangenheit den geraden Gegensatz zu derselben bildet, gewonnen hat, ist mir ein unlösbares Räthsel und macht mich an dem Werthe des Herrn von Bismarck zweifeln.

Dennoch will ich versuchen, dieses politische Räthsel zu entziffern, indem ich den Vorwand, auf welchen die Berliner Regierung ihre Rechtfertigung stützt, die Umstände, wodurch sie sich verführen ließ, und die Versuchung, welcher sie nachgegeben hat, in Erwägung ziehe.

Der Vorwand, auf welchen sie sich beruft, ist die Entscheidung des Vatikanischen Concils bezüglich der Lehrautorität des Papstes.

Die Umstände, welche sie fortgerissen haben, sind die italienische Allianz, von Außen, und die Allianz mit der national-liberalen Partei, im Innern.

Die Versuchung, von welcher sie sich verleiten ließ, war die glücklicher Weise getäuschte Hoffnung, welche das Verhalten der inopportunistischen Bischöfe Deutschlands und Oesterreichs bei ihr hervorgerufen hatte, welches Verhalten sie für eine wirkliche Meinungsverschiedenheit in der Lehre hielt, das ihr dazu bestimmt schien, einer in Folge dieser Verschiedenheit von Rom getrennten Nationalkirche als Grundlage zu dienen.

Ich nannte die Frage der päpstlichen Unfehlbarkeit einen Vorwand; denn es ist in der That ein mit den Haaren herbeigezogener Streit, dem die Ernsthaftigkeit und die Aufrichtigkeit fehlen.

Ich habe hier keine theologische Erörterung über das Dogma der Unfehlbarkeit der Kirche und ihres obersten Lehramtes zu liefern; ich verweise meine Leser auf die über diesen Gegenstand veröffentlichen Schriften, und man wird mir es nicht übel nehmen, wenn ich besonders diejenigen meines Bruders, des Erzbischofs von Mecheln nenne[1]).

Ich will, im Vorübergehen, nur Ein Wort über diese Frage sagen. Für jeden Katholiken ist sie keine Frage mehr. Vor dem Concil konnte man vielleicht noch darüber streiten; seit der Definition durch das allgemeine Concil in Uebereinstimmung mit dem Papste ist jeder Streit beendet.

Man kennt jene Unterhaltung zwischen einer Dame, von großem Geiste und von großem Glauben und dem Grafen Montalembert, kurze Zeit vor dem Tode dieses meines berühm-

---

[1]) Von demselben sind bei Franz Kirchheim in Mainz in deutscher Uebersetzung erschienen:
Dechamps, F. A., Erzbischof von Mecheln, Die Unfehlbarkeit des Papstes und das allgemeine Concil. Autorisirte deutsche Ausgabe. 1869. gr. 8. geh. 30 kr.
— — Ueber die Opportunität der Declarirung der päpstlichen Unfehlbarkeit. Schreiben an den Hochwürdigsten Bischof Felix Dupanloup von Orleans. Autorisirte Uebersetzung. 1870. gr. 8. geh. 21 kr.
— — Drei Briefe über die Unfehlbarkeit des Papstes an P. Gratry. Autorisirte Uebersetzung. 1870. gr. 8. geh. 21 kr.

ten Freundes, bei welcher sie denselben fragte, was er thun würde, wenn das Concil gemeinsam mit dem Papste die Unfehlbarkeit ausspräche.

„Nun gut! ich würde ganz einfach glauben," antwortete der große Redner, in dem bestimmten Tone eines Christen, der seinen Katechismus kennt und der seinen Akt des Glaubens erweckt.

In der That kein Kirchenvater oder Kirchenlehrer, seit Origenes und dem heiligen Cyprian bis auf den heiligen Thomas und auf Bossuet, kein Concil, kein Theologe, kein Katholik hat jemals die lehramtliche Unfehlbarkeit der Kirche bezweifelt. Ein Streit bestand nur mit den Gallikanern, welche behaupteten, das vom Papste ex cathedra an die Kirche gerichtete Wort habe, um den Charakter der Unfehlbarkeit zu erhalten, die Zustimmung eines Concils oder der zerstreuten Kirche nöthig.

Alle alten Katholiken, aus allen Schulen, selbst die Gallikaner, waren darin einig, daß den Aussprüchen eines mit dem Papste vereinigten Concils, d. h. der Kirche, das göttliche, durch die heilige Schrift und durch die ganze Tradition bestätigte Privileg der Unfehlbarkeit beizulegen sei. Bossuet bekennt hier dieselbe Lehre, wie Fénelon und Graf de Maistre [1]).

Nun stehen wir aber einem mit dem Papste vereinigten Concil gegenüber, und kein Concil, von dem zu Trient bis hinauf zu dem zu Nicäa, war zahlreicher, feierlicher, freier und ökumenischer, als das Vatikanische.

Dies bestreiten, ist eine sinnlose Abgeschmacktheit, zu welcher Diejenigen, welche ihren Abfall vor ihren eigenen Augen verdecken möchten, ihre Zuflucht nehmen. Wenn das Vatikanische Concil nicht ökumenisch und frei war, dann ist offenbar kein einziges Concil es gewesen.

---

1) Vgl. Graf Jos. de Maistre, Vom Papste. Uebersetzt von Moritz Lieber. Frankfurt a. M. 1822. 2 Bände.

Die Lehrentscheidung des Vatikanischen Concils, über welche in erstaunlicher Weise alle Bischöfe des ganzen Erdkreises, opportunistische und inopportunistische, mit dem Papst einig sind, verwerfen wollen, das hieße ohne allen Zweifel die Kirche Christi verlassen und dem katholischen Glauben entsagen; man würde über den Gallikanismus hinaus gehen, der nie daran gedacht hat, die Entscheidungen eines mit dem Papste vereinigten Concils in Frage zu stellen; ja selbst über den Jansenismus von Port-Royal, der vielleicht die Bulle Innocenz X., wenn ein Concil sie bestätigt hätte, angenommen haben würde; man würde über das Jahr 1682 hinaus bis auf Luther zurückgehen, d. h. bis zur offenen Häresie, bis zum gänzlichen Verlassen der Kirche, unserer Mutter.

Ist es möglich, daß Herr von Döllinger das nicht einsieht? Ist es möglich, daß er, der im Jahre 1832 zu München, als Herr von Lamennais die Encyclica Gregor's XVI. erhielt, mit der ganzen Kraft seines theologischen Wissens in denselben drang, daß er sich der in seinen Augen auch ohne die Bestätigung eines Concils im Gewissen verpflichtenden päpstlichen Encyclica unterwerfe, sich den Entscheidungen Pius IX. und des Vatikanischen Concils widersetzt? Ist es möglich, daß er, der so viele wahrhaft wissenschaftliche Werke und namentlich jenes über „Kirche und Kirchen" geschrieben hat, nicht einsieht, daß er nicht mehr zur Kirche gehört, und daß er für seine Empörung in der kleinsten, armseligsten und baufälligsten aller Eintags-Kirchen, welche er im Namen der Geschichte so streng verurtheilt hat, eine Unterkunft sucht? Ist es möglich, daß er bei den lächerlichen After-Concilien von München und Cöln, an der Seite eines Michelis, Reinkens, Friedrich, Schulte, eines Ex-Abbé Michaud und eines Ex-Pater Hyacinthe, umgeben von jansenistischen und anglikanischen Bischöfen, von protestantischen oder schismatischen Geistlichen, von Rationalisten aller Farben, sich wohl befinden und innerlich ruhig bleiben kann? Ist es möglich, daß sein Glaube und sein Wissen sich nicht empört haben, in Mitten dieser Verwirrung von Lehren und von Sprachen, dieser Unwissenheit der mannichfachsten Art, welche der Cölner Congreß zu Tage gefördert hat, auf dem man die Frage der „Vereinigung der Altkatholiken mit den anderen im Glauben verwandten Kirchen" verhandelte, d. h. mit allen von Rom getrennten Secten, mit Ausschluß der großen und allgemeinen Kirche eines hl. Augustin, hl. Thomas, Pascal, Descartes, Bossuet, Fénelon, de Maistre, Lacordaire, der achthundert Bischöfe des Concils und des heiligen Vaters Pius IX.? Ist es möglich, daß er, ein Mann der Wissenschaft, ein Priester, ein Greis an der Schwelle der Ewigkeit, es vorziehen kann, sich dem Hirtenstabe und der Jurisdiction des jansenistischen Erzbischofs von Utrecht oder eines schismatisch-armenischen Bischofs zu unterwerfen und mit den anglikanischen Bischöfen von Lincoln, Ely und Maryland zu fraternisiren, anstatt der bescheidene und selbstbewußte Priester dieser katholischen, apostolischen und römischen Kirche zu bleiben, die in Mitten der harten Verfolgung, welche man gegen sie eröffnet und vorbereitet, und zu welcher er, der Propst von München, sich als schuldvolles Werkzeug hergibt, ihre wundervolle Einheit offenbart?

Ich schließe diese Nebenbemerkungen über Herrn von Döllinger und über die Altkatholiken, die im Grunde nur alte Jansenisten und sehr alte Protestanten sind, um wieder auf Herrn von Bismarck und seine Politik zurückzukommen.

Fürst Bismarck und die deutschen Regierungen haben um die Frage, ob die Unfehlbarkeit an den ex cathedra sprechenden Papst oder an den Papst in Vereinigung mit dem Concil geknüpft ist, sich nicht zu bekümmern; das sind dogmatische Sätze, welche ihn durchaus nichts angehen. Der von der Politik erfundene Vorwand, um sich in dieses Gebiet des religiösen

Glaubens hineinzumischen, ist dieser: die Politiker behaupten, daß der Ausspruch des Concils dem Papste eine neue Autorität übertragen habe, daß diese Autorität eine absolute und unbegrenzte sei, und daß diese Stellung die Beziehungen zwischen der Kirche und dem Staate, der sich gegen etwaige Anmaßungen zu vertheidigen gezwungen sei, beeinflusse. Der Kaiser von Deutschland hat, wenn ich richtig belehret bin, unlängst einer hochachtbaren Persönlichkeit des Rheinlandes gegenüber dieser seltsamen Auffassung der Politiker Ausdruck verliehen, indem er bemerkte, „die Kirche habe durch die Aussprechung des Dogmas der Unfehlbarkeit dem Staate den Krieg erklärt."

Aber wie so denn? Worin berührt denn die Frage der Unfehlbarkeit die Beziehungen zwischen der Kirche und dem Staate?

Die Erklärung des Vatikanischen Concils ist nicht neu, sie gehört fast wörtlich dem Concil von Florenz (1439) an, welches seinerseits den Glauben aller Jahrhunderte verkündigt; sie ist alt; alle oder fast alle Bischöfe waren auf dem letzten Concil über das Wesen der Lehre einig, und sie sind es heute Alle; sie waren verschiedener Meinung nur bezüglich der Frage der Opportunität, wie denn der Herr Bischof von Orleans in seinem Zustimmungshirtenbriefe erklärt hat, daß er sich zu der ausgesprochenen Lehre stets bekannt habe.

Es hat sich also nichts geändert, und die Kirche und der Staat haben genau dieselbe Stellung, in welcher sie sich vor dem Concil befanden, bewahrt, nämlich der gegenseitigen Unabhängigkeit da, wo ihre Gebiete geschieden sind, und der Eintracht da, wo dieselben einander berühren.

In unbegreiflicher Unwissenheit bildet man sich ein, oder aus Heuchelei stellt man sich, als ob man glaube, das Privileg der päpstlichen Unfehlbarkeit sei in dem Sinne persönlich, daß es einer Person, die sich in Nichts irren könne, übertragen sei; der Papst sei unfehlbar in Allem, was er sagt und in allen Dingen; er könne den Gläubigen die Verpflichtung auferlegen, Alles, was er auf dem ausschließlichen Gebiete der Wissenschaft, oder auf dem ausschließlichen Gebiete der Politik, wo der Glaube nicht in Frage kommt, entscheiden würde, in festem Glauben anzunehmen.

Gegenstand der Unfehlbarkeit sind die Lehren des Glaubens und des geoffenbarten Gesetzes. Die Kirche bewahrt die Hinterlage der Offenbarung, der heiligen Schrift und der Tradition, und der Papst ist der oberste Hüter derselben; die evangelische Verheißung der Unfehlbarkeit ist nichts anderes, als die Verheißung der Treue in Bewachung dieses heiligen Gutes! Wenn der Papst oder das Concil mit dem Papst erklären, daß eine Wahrheit in dem hinterlegten Gute der Offenbarung enthalten ist, so erfinden sie nicht, sie wiederholen nur und erklären sie; sie schaffen keine neue Wahrheit, sondern sie bestätigen eine alte und setzen sie in ein neues Licht.

Die Unfehlbarkeit ist demnach nicht persönlich in dem abgeschmackten Sinne, welchen man diesem Worte beilegt; sie ist nicht absolut und unbegrenzt; ihr Gebiet, dasjenige des Glaubens und der Sitten, ist durch den Ausspruch des Vatikanischen Concils genau abgegrenzt. „Nach dem vollkommen klaren Wortlaut dieses Decretes, so sagten die im Jahre 1871 zu Fulda versammelten preußischen Bischöfe, ist jede Beziehung auf das staatliche Gebiete von der Definition dieses Dogmas vollständig ausgeschlossen." Seine Eminenz, der Cardinal Antonelli, drückt sich in seiner Depesche an den Nuntius zu Paris, vom 19. März 1870, noch genauer aus: „Die politischen Angelegenheiten, sagt er, gehören, nach der Anordnung Gottes und der Lehre der Kirche, zur Gerechtsame der weltlichen Macht, ohne irgend welche Abhängigkeit von einer anderen Autorität."

Da es aber zwischen der weltlichen Macht und der Kirche nothwendige Beziehungen gibt, so ordnen die beiden Autoritäten diese Beziehungen durch gegenseitiges Uebereinkommen oder durch Concordate.

Ich erlaube mir, den Fürsten Bismarck auf Folgendes aufmerksam zu machen. Die positiven Verhältnisse zwischen der Kirche und den Staaten sind nur durch die Concordate geregelt; immer, in allen Epochen der Geschichte, waren es die Päpste allein, welche diese Concordate mit den Staaten abgeschlossen haben; die päpstliche Unfehlbarkeit steht zu den Concordaten in durchaus keiner Beziehung, und der Papst spricht wenn er sie unterzeichnet, nicht ex cathedra und als oberster Lehrer der Kirche. Wie sollte also die Entscheidung des Concils die Beziehungen zwischen der Kirche und den Regierungen geändert haben, und wie sollte die Kirche durch Definition des Dogmas der Unfehlbarkeit dem Staate den Krieg erklärt haben?

Es handelt sich demnach in der That nur um einen Vorwand. - Die Wahrheit ist diese, daß das Deutsche Kaiserreich eine absolute und unbegrenzte Macht auf dem religiösen Gebiete, wie auf dem politischen, in Anspruch nimmt: es prüft die Dogmen und urtheilt über dieselben ab; es mischt sich in die kirchliche Disciplin; es verschließt dem Priester auf seiner Kanzel den Mund — lex Lutziana —; es schließt die katholischen Anstalten und Schulen; es verbietet den Ordensgeistlichen zu predigen, Beichte zu hören und selbst Messe zu lesen; es untersagt den Bischöfen, Diejenigen, welche sich offenbar von der Kirche trennen, nach den canonischen Vorschriften aus derselben auszuschließen; es erklärt, ohne daß ein Vergehen vorliegt, und ohne gerichtliches Urtheil, die religiösen Orden in die Acht, genau so wie Ludwig XIV., der sich übrigens auf bessere Gründe berufen konnte, die Hugenotten vom französischen Boden verjagte; es begünstigt das Schisma und versucht die Errichtung einer Nationalkirche. Der deutsche Staat also ist es, welcher der Kirche den Krieg erklärt, er ist es, welcher den Anspruch auf politische und religiöse Unfehlbarkeit erhebt, indem er eine weltliche Theokratie begründet.

Lassen wir darum den Vorwand, welcher in Nichts zur Rechtfertigung oder zur Erklärung der Handlungsweise der Berliner Regierung dienen kann, bei Seite, und untersuchen wir die wirklichen Beweggründe, wodurch dieses Benehmen hervorgerufen wurde, die Umstände, durch welche der Kaiser sich fortreißen, und die verhängnißvolle Versuchung, durch welche er sich verführen ließ.

VI.

Der erste Grund und die erste Versuchung war, wie ich bereits gesagt habe, die italienische Allianz. Sie war die erste Ursache und das Signal zu dem in der inneren Politik des Deutschen Kaiserreichs eingetretenen Umschlag. Dies ist so wahr, daß der politische Sturm in der letzten Session des Reichstags gerade bei Gelegenheit eines Paragraphen des Adreß-Entwurfs, welcher von der nationalliberalen Partei verfaßt war und ein Schlag gegen das Papstthum sein sollte, zum Ausbruch kam. Es geschah dies in Berlin zu derselben Stunde, zu welcher in Rom die italienisch-deutsche Allianz abgeschlossen wurde; das Zusammentreffen ist auffallend, und es beweist, daß die Bedingung dieser Allianz der Krieg gegen die katholische Kirche und gegen ihr Oberhaupt gewesen ist.

Die zweite Versuchung, der zweite Fehler des Fürsten Bismarck war seine ausschließliche Allianz mit der national-liberalen Partei, deren Charakter ich oben dargelegt habe. Diese Allianz mit dem Pseudo-Liberalismus war der Folgesatz zu seiner Allianz mit Italien; beide beruhen sowohl äußerlich, als innerlich, auf dem revolutionären und antichristlichen Princip. Die Bedingung für die italienische Allianz war der Krieg gegen Rom und das Papstthum; die Bedingung bei der Allianz mit der national-liberalen Partei war der Krieg gegen die Katholiken in Deutschland.

Fürst Bismarck hatte mehrere Jahre hindurch bei der national-liberalen Partei einen lebhaften Widerstand gegen seine Pläne angetroffen, und in dieser Zeit fand er seine Stütze bei der Fraction der Conservativen, denen sich die wenigen katholischen Notabilitäten, welche die preußischen Kammern zählten, beigesellten.

Heute setzt er die schwächer gewordene, aber immer noch starke conservative Fraction bei Seite, und bekämpft die Centrumsfraction, die meist aus Katholiken besteht, bis zum Aeußersten.

Diese beiden Fractionen sind die Trägerinnen der deutschen Traditionen, sie wollen den föderalistischen und verfassungsgemäßen Charakter des Reiches erhalten, den christlichen und confessionellen Charakter der Schule und den religiösen Frieden in der Nation bewahren. Die conservative Fraction ist in der letzten Zeit schwächer geworden; sie hat der Politik des Herrn von Bismarck nachgegeben; aber ihre Traditionen werden sie früher oder später der Centrumsfraction näherrücken, um gemeinschaftlich das historische Princip des deutschen Volkes gegen die centralistische und antireligiöse Politik der national-liberalen Partei, welche vor Allem die Idee der französischen Revolution vertritt, aufrecht zu erhalten.

Die Centrumsfraction, welche im Jahre 1870 der Zahl nach von geringer Bedeutung war, hat in dem Maße, als die pseudo-liberale Partei der Centralisation, der Staatsomnipotenz, der politischen Gleichmachung und der antichristlichen Reaction sich entwickelte, ihre Kräfte wachsen gesehen. Das von der italienischen Regierung gegen das Papstthum verübte Attentat gab der katholischen Bewegung noch größere Stärke, und die Centrumsfraction, welche bei Eröffnung des Reichstags nur ungefähr 50 Mitglieder zählte, sah die Zahl derselben durch neue Wahlen auf mehr als 60, in fester Ueberzeugung eng verbundene Mitglieder emporsteigen; und wenn die Regierung die Häupter der katholischen Bewegung nicht internirt, verbannt oder festsetzt, so kann man, Dank dem gegen die Kirche eröffneten Kriege, voraussagen, daß nach den nächsten Wahlen die Centrumsfraction einen weiteren und nicht unbeträchtlichen Zuwachs erlangen und so der national-liberalen Partei ein bedeutendes Gegengewicht bieten wird.

Diese zunehmende Kraft der Centrumspartei, die Frucht der Politik des Herrn von Bismarck, hat den Reichskanzler zu seiner heftigen und gereizten Politik gegen die katholische Kirche getrieben; der Clerus, die Jesuiten, die religiösen Orden und die Bischöfe sollen für die politischen Sorgen herhalten, welche ihm jene enggeschlossene und tapfere Schaar verursacht, an deren Spitze tüchtige Führer stehen, wie die beiden Reichensperger, Mallinkrodt und Windthorst. Diese Redner erheben laut ihre Stimme, und sie bringt, wie einst die Stimme O'Connells in England und die Stimme Montalembert's in Frankreich, über die Grenzen Deutschlands hinaus, um überall Diejenigen, welche noch das Recht und die Gerechtigkeit, die wahre Freiheit und die Kirche Christi lieben, zu wecken und aufzurütteln.

Die dritte Versuchung für die deutsche Regierung war

die Stellung von fast allen Bischöfen Deutschlands und Oesterreichs beim Vatikanischen Concil. Diese frommen und gelehrten Bischöfe waren, wie überhaupt die Bischöfe der ganzen Welt, über das Wesen der Lehre einig; alle oder fast alle waren Infallibilisten; der Josephinismus, der Febronianismus, der Gallikanismus waren seit lange todt oder am Sterben; aber jene Bischöfe waren fast alle Inopportunisten. Herr von Bismarck ließ sich dadurch täuschen; er glaubte an eine wirkliche Meinungsverschiedenheit zwischen den Bischöfen des Concils in Bezug auf die Lehre; er bildete sich ein, der größte Theil der deutschen und österreichischen Bischöfe würde sich von Rom trennen, und Herrn von Döllinger auf den Weg des Abfalls und Schisma's folgen, auf welchem dieser ins Verderben stürzt. Die italienische Allianz und die Allianz mit der national=liberalen Partei verleiteten Herrn von Bismarck zur Feindseligkeit gegen Rom; die Meinungsverschiedenheit unter den Bischöfen über die Frage der Opportunität der conciliarischen Entscheidung ließ ihn hoffen, er könne hierin die Grundlage zu einer jansenistischen und nationalen Kirche finden.

Er hat sich gänzlich geirrt. „Er hat bei seiner Berechnung nicht an den heiligen Geist gedacht," sagte mir kürzlich ein gelehrter Geistlicher aus Berlin; ich füge hinzu: auch nicht an den Glauben und die Tugend der Bischöfe.

Wir werden sehen, was eintritt und wie die katholische Strömung wächst und Widerstand leistet. Herr von Bismarck fand vor Sedan eine herrliche und tapfere Armee, die aber schlecht geführt, durch die deutschen Geschütze vernichtet und zur Uebergabe gezwungen wurde; jetzt wird er dem katholischen Volke begegnen, geführt von seinem Clerus und seinen Bischöfen, welches sich erheben wird, indem es sich auf Gott und auf die Freiheit der Kirche beruft, welches Widerstand leisten und nicht capituliren wird.

Herr von Bismarck wird erfahren, was die katholischen Bischöfe sind und was sie vermögen. Sie werden keine Verschwörung machen; sie werden nicht Aufruhr und Empörung predigen; sie werden sich nicht mit der rothen Internationale verbinden, aber sie werden widerstehen und sich nicht beugen. „In dieser traurigen Lage, so sprachen die in Fulda versammelten Bischöfe im April 1872, werden wir unsere Pflicht erfüllen, und dabei den Frieden zwischen der Kirche und dem Staate nicht verletzen." „Als Christen," sprach seinerseits der gelehrte Bischof von Paderborn in seinen rührenden Abschiedsworten an die verbannten Jesuiten, „als Christen dürfen wir den Maßnahmen der öffentlichen Macht weder Gewalt noch offenen Widerstand entgegensetzen. Wofern diese Maßregeln uns unbillig und ungerechtfertigt erscheinen, dürfen wir auf dieselben doch nur mit jenem passiven Widerstande, welchen unser göttlicher Meister Jesus Christus durch sein Wort und sein Beispiel uns gelehrt hat, antworten, mit jenem ruhigen, würdevollen Schweigen, mit jenem, stillen, gottergebenen, aber hoffnungsreichen Dulden, mit jenem liebevollen Gebete, welches glühende Kohlen auf das Haupt der Feinde und Verfolger sammelt."

Das ist die herrliche Sprache der deutschen Bischöfe. So redete einst der Erzbischof von Cöln, Herr von Droste-Vischering, ehe man ihn gefangen zwischen Soldaten auf die Festung Minden führte. Der ruhige und unerschrockene Bischof von Ermeland ist seines Gehaltes beraubt und in seinen Rechten verletzt; man schlägt ihn, er erwartet ruhig die Soldaten und die Ketten.

Ich kann nicht den verehrten Namen des Herrn Bischofs Krementz aussprechen, ohne zugleich den berühmten Namen des Herrn Bischofs Mermillod zu erwähnen, welchen ganz Europa

fortfahren wird, Bischof von Hebron und von Genf zu nennen,
trotz der Entscheidung des Staatsraths, welche ihm die Ausübung
jeder Amtsverrichtung, sei es als Bischof, sei es als Pfarrer,
verbietet und ihn seines ganzen Einkommens beraubt.

Das ist also die republikanische und liberale Schweiz,
welche die Jesuiten und alle verwandten religiösen Genossen=
schaften, die Schulbrüder, die barmherzigen Schwestern unter=
drückt, welche die Seminarien schließt, wie in Solothurn geschehen,
weil man daselbst die Moraltheologie des hl. Liguori lehrt,
welche Bischöfe absetzt, wie in Genf; und all diese Leute haben
noch die Stirne, von Freiheit zu reden, und all die Schwätzer
des Liberalismus, deren Haare sich beim bloßen Nennen des
Widerrufs des Edicts von Nantes vor Entsetzen sträuben, und die
bei Gelegenheit des kleinen Mortara die Welt mit ihrem Ge=
schrei betäubten, finden kein freisinniges Wort des Protestes oder
der Entrüstung, um diese unerhörten Attentate auf alle Frei=
heiten ohne Ausnahme und auf alle Rechte des menschlichen
Gewissens zu brandmarken!

Ich sprach so eben vom passiven Widerstand der Bischöfe;
aber unter den Laien ist die Bewegung, wenn auch vollständig
innerhalb der gesetzlichen Grenzen, doch weniger passiv, weniger
ruhig und ergeben, und die Politik trägt das Ihrige dazu bei.
Die Reaction gegen die seit einem Jahre begonnene unverzeih=
liche Verfolgung kommt überall zum Durchbruch. Ein Verein
hat sich unlängst zu Mainz constituirt, mit der Aufgabe, den
gesetzlichen Widerstand der deutschen Katholiken zu organisiren,
zur Vertheidigung der bedrohten und verletzten religiösen Frei=
heit. In einem aus dem Monat Juli datirten Manifeste for=
dert der Vorstand des Vereines alle Katholiken Deutschlands zu einem
Kreuzzuge gegen die Angriffe der Regierung auf: „Wir wollen,
heißt es darin, mit allen gesetzlich zu Gebote stehenden Mitteln,

der Kirche die ihr von Gott verliehene Freiheit und Selbstständigkeit wahren. „Für Gott und Vaterland" soll unser Wahlspruch sein in dem Kampfe, zu dem wir uns in diesem ernsten Augenblick erheben."

Dieses Manifest trägt die ersten Namen Deutschlands als Unterschrift, unter denen ich besonders jene des Freiherrn Felix von Loe, des Freiherrn von Frankenstein, des Grafen Cajus zu Stolberg und des Fürsten Isenburg hervorhebe.

Zu München hat eine sehr zahlreiche Versammlung dem Erzbischofe eine Adresse übersandt, welche seiner Festigkeit Beifall zollt, und ihn im Kampfe, den er zu bestehen hat, ermuthigt. Zu Breslau hat vor kurzem eine glänzende katholische Versammlung getagt, bei welcher sich katholische Notabilitäten aus ganz Deutschland einfanden. Man reclamirte dort mit aller Energie seine Rechte, und protestirte voll Entrüstung gegen das erlittene Unrecht; man faßte die entschiedensten Beschlüsse, und gab allen Vereinen, welche, wie der Bonifacius-, der Borromäus-, der Pius-Verein, die Sache des Unterrichtes und der christlichen Nächstenliebe auf deutschem Boden so bedeutend gefördert haben, neue Anregung; man wußte sich dadurch am besten zum Widerstand zu rüsten, daß man auf das Recht und auf Gott sein Vertrauen setzte.

Während die katholischen Laien sich in Breslau und Mainz vereinigen und organisiren, sind die Bischöfe in der Stille zu Fulda zur Berathung versammelt, unter dem Vorsitz des Erzbischofs von Cöln, der sich seines gefeierten Vorgängers Clemens August erinnert. Sie sind dort, wie im Abendmahlssaale, im Gebete vereinigt, und sie werden mit jenem Vertrauen und jenem Muthe daraus hervortreten, welches noch mächtigere Gegner, als Fürst Bismarck ist, überwunden haben.

VII.

Das alte Regime hat, kurz vor seinem Sturze, noch eine Empörung gegen die Kirche versucht. Friedrich II. wog wohl Herrn von Bismarck auf; ihm lag Alles zu Füßen, und die Kirche Deutschlands, von den Lehren des Febronius angesteckt, befand sich in den letzten Zügen. Die letzte geschichtliche Handlung der drei geistlichen Churfürsten von Mainz, Cöln und Trier hatte darin bestanden, sich mit dem Erzbischof von Salzburg, dem Primas von Deutschland zu verbinden, um in den Emser Punktationen (1786) das Programm für die Empörung gegen den heiligen Stuhl zu entwerfen. Welch' ein Gegensatz zu der gegenwärtigen Versammlung der deutschen Bischöfe in Fulda! Man war gerade damit beschäftigt, diese niederträchtigen Emser Punktationen in Anwendung zu bringen, als die Armeen der französischen Republik an den Urhebern derselben die verdiente Strafe vollzogen.

Man kennt die Geschichte Pombal's, Choiseuls und Karls III., welche, ungefähr wie es heute Herr von Bismarck thut, die Jesuiten internirten, verjagten und dem Gefängnisse oder der Verbannung übergaben.

Alles dies wurde durch die französische Revolution verschlungen.

Diese, nach dem Wort des Herrn De Maistre, wahrhaft satanische und, nach dem Ausdruck des Herrn von Tocqueville, wesentlich antichristliche Revolution verjagte, verbannte, tödtete ihrerseits, durch die Niedermetzelungen im September, durch die Ertränkungen in der Loire, durch das Beil der Guillotine und den Dolch der Meuchelmörder, die Priester, die Jesuiten, die Ordensgeistlichen, welche das alte Regime übrig gelassen hatte.

Aber diese blutige Revolution erstickte im Schmutze des

Directoriums und Napoleon brachte sie definitiv zum Abschlusse.

Dieser außergewöhnliche Mann begriff wohl, daß die Verfolgung die Hand Desjenigen verletzt, der sie in Anwendung bringt, und machte darum mit der Kirche Frieden; er öffnete die Kirchen wieder, rief die Priester und Bischöfe zurück und schloß das Concordat (1801) ab. Damals war die große Epoche seiner Regierung: Ulm, Austerlitz und Jena.

Aber der mächtige Kaiser, von Ruhm und Hochmuth berauscht, wollte, nachdem er Herr der Welt geworden, sich auch zum Herrn der Kirche machen; er hatte die Herrschaft über die Leiber, und wollte auch die Herrschaft über die Seelen haben; das ist so der Traum der Begründer von großen Reichen. Er legte darum Hand an die Staaten des heiligen Stuhles und vereinigte sie mit dem französischen Kaiserreich; der sanfte Papst Pius VII. excommunicirte ihn. Er nahm den Papst gefangen, verbannte ihn nach Savona und nach Fontainebleau, und er fand das Herz eines Löwen unter diesem Felle eines Lammes. Er versammelte das Concil von 1811 und glaubte, unschwer eine Nationalkirche bilden zu können, deren Oberhaupt er selbst gewesen wäre.

Dies geschah im Jahre 1811. Bald darauf kam der Feldzug von 1812, es kam 1813 und 1814: Leipzig, Waterloo, die Insel Elba und später Helena.

Es gibt aber noch ein anderes Beispiel, das uns noch näher steht, bei dem ich Augenzeuge gewesen bin, und welches ich dem deutschen Kaiser zum Nachdenken empfehle.

Der König Wilhelm I. von Oranien hat genau denselben Fehler begangen, welchen heute der Kaiser Wilhelm I. wiederholt; er stand an der Spitze des schönen Königreiches der Niederlande, welches so leicht zu erhalten war, welches aber durch seine Fehler zerrissen ward. Er wollte ebenfalls durch Einheit der Sprache und der Religion die nationale Einheit befestigen; er unterdrückte im Jahre 1825 die katholischen Collegien und Schulen Belgiens, vertrieb die Jesuiten und die christlichen Schulbrüder, gründete zu Löwen das philosophische Collegium, welches dazu bestimmt war, den Clerus der zukünftigen Nationalkirche zu erziehen; er verletzte die Freiheit der Schule und das Versammlungsrecht, verfolgte den Bischof von Gent, Herrn von Broglie, ließ ihn verurtheilen und man stellte auf einem Platze in Gent dessen Bild zwischen zwei Verbrechern aus. Diese unkluge und verblendete Politik erweckte in Belgien dieselbe Bewegung des Widerstandes, welche man soeben in Deutschland wahrnimmt; fünf Jahre später, im Jahr 1830, war die katholisch=liberale Union fertig und die Ereignisse sind bekannt, welche sie in ihrem Gefolge hatte.

So redet die Geschichte. Die Verfolgung in Deutschland ist eine Prüfung für die Kirche und für die Katholiken, aber sie wird auch zum Heile gereichen, wie dies immer bei muthig ertragenen Prüfungen der Fall ist. Zwei Resultate werden aus dieser Prüfung entspringen: die katholische Kirche, welche man schwächen oder unterdrücken will, wird, wie immer, aus diesem Kampfe geeinigter und mächtiger hervorgehen; der Protestantismus, in dessen Namen man die religiöse Verfolgung ins Werk setzt, wird dadurch tödtlich verwundet werden und seine Auflösung beschleunigt sehen; der falsche Liberalismus, der intolerant und verfolgungssüchtig geworden ist, wird entlarvt werden, und alle Freunde einer vernünftigen und aufrichtigen Freiheit, werden sich mit den Verfolgten aussöhnen, mit dieser großen, katholischen Kirche, welche immer eine streitende, immer eine angefeindete, zu Zeiten eine leidende ist, aber schließlich immer aus den Prüfungen, welche sie erneuern, reinigen und stärken, triumphirend hervorgeht. Man wird einsehen, daß sie bei solchen Kämpfen, wie derjenige ist, welchen sie in Deutschland soeben besteht, für die Freiheit des menschlichen Gewissens streitet.

Die Regierungen, und namentlich die großen auf die Macht begründeten Kaiserreiche, haben die Unabhängigkeit der universellen Kirche immer mit Eifersucht und mit Ungeduld gesehen; allzeit war die Idee einer Nationalkirche dem Despotismus, der aus ihr ein gefälliges Werkzeug für seine Pläne macht, eine erwünschte. Sobald aber die Kirche dem Staate unterworfen ist, hört sie auf Kirche zu sein, und das Gewissen sinkt in dem Maße, als die Freiheit verschwindet. Die wahre und göttliche Kirche kann weder Grenze noch Nationalität haben, sie ist das geistige Reich der Gewissen und der Seelen; auf der Unabhängigkeit der Kirche beruht die Unabhängigkeit des Gewissens und des Geistes. Wenn die Kirche vom Staate unterjocht ist, dann sind es ebenso alle Gewissen. Man wird endlich erkennen, daß die nationalen, d. h. unterworfenen Kirchen nur Kirchen für Sklavenseelen sein können, und daß die Bedingung für die Freiheit des menschlichen Gewissens in der Unabhängigkeit einer Kirche besteht, deren Lehensherr nicht die weltliche Macht, sondern Gott selbst ist.

Wird die begonnene Verfolgung mit der Zähigkeit und der Heftigkeit, welche Fürst Bismarck dabei in Anwendung bringt, fortgesetzt werden? Ich fürchte es, weniger für die Kirche, als für ihn selbst und für den deutschen Kaiser, dessen Vernünftigkeit, Rechtlichkeit und religiöses Gewissen in Mitten einer übertriebenen, revolutionären, antichristlichen, verfassungswidrigen Politik, die seinen Gefühlen, seiner natürlichen Neigung und seinem früheren Verhalten so entgegengesetzt ist, sich unmöglich wohl befinden kann.

„Es ist nicht möglich, so sagte Herr August Reichensperger, daß dieser lorbeergekrönte Monarch, nachdem er mit Hülfe der Tapferkeit und der Treue des gesammten deutschen Volkes den äußeren Frieden erkauft hat, die Verfolgung von Millionen Deutschen wegen ihres Glaubens gutheißt, und zustimmt, daß man den inneren Frieden preisgibt, jenes große Werk seines königlichen Bruders, dessen Andenken noch bei allen Katholiken ein gesegnetes ist."

Ich schließe meinen Wunsch und meine Hoffnung dem Wunsche und der Hoffnung des großen deutschen Patrioten und Redners an; aber ich gestehe, daß seine Befürchtungen, welche seine Hoffnungen übersteigen, auch die meinigen sind. Die Zeiten sind düster; „die Sündfluth naht, aber auf den Gewässern sehe ich als Arche die Kirche," sagte Herr von Montalembert; sie wird nicht untergehen, sie wird leben und sie wird bei dem Begräbnisse jener Gewalten, welche ihr das Grab vorzubereiten wähnten, zugegen sein.

Möchte Fürst Bismarck nicht die Worte vergessen, die Pius IX. neulich in einer von jenen Allokutionen aussprach, welche in ihrer Erhabenheit so beredtsam und in ihrer Heiligkeit so ergreifend sind, und welche er aus seinem Gefängnisse im Vatikan an die Welt richtet. Er redete zu deutschen Katholiken und sagte zu ihnen: „Seid vertrauensvoll und einig; denn ein Steinchen wird sich vom Berge loslösen und wird die Füße des Colosses zerschmettern. Wenn Gott will, daß noch weitere Verfolgungen sich erheben, so fürchtet die Kirche dieselben nicht; im Gegentheil, sie wird nur um so stärker und sie reinigt sich, weil es in der Kirche selbst Manches zu reinigen gibt, und Nichts trägt mehr hiezu bei, als die Verfolgungen durch die Großen der Erde."

Vielleicht hat Fürst Bismarck gelächelt, als er diese Worte aus dem Munde Pius IX. las; er hätte Unrecht gehabt. Diese alten Päpste, welche man einkerkert oder verbannt und welche immer wieder kommen, wie Graf de Maistre so geistreich sagt, gebrauchen immer auch Worte, welche „glühende Kohlen sind, die sich auf dem Haupte der Verfolger ansammeln." Kaiser Napoleon I. hat bei der Excommunikation, welche der schwache und machtlose Papst Pius VII. gegen ihn schleuderte, auch gelächelt, und er ist von ihr zerschmettert worden. Ich rathe dem Fürsten-Kanzler, sich des Steinchens, das vom Berge fällt und die Füße des Colosses zertrümmert, öfters zu erinnern. In meiner Schrift aus dem Jahre 1860 hatte ich mir selbst diese Stelle aus der heiligen Schrift zu erwähnen erlaubt: „Dieses großartige Bild, sagte ich, welches Daniel uns vorführt, **von den Reichen mit ehernen und thönernen Füßen, und von der Kirche, diesem kleinen Steine, welcher sich ohne die Hand eines Menschen vom Berge loslöst, welcher jene Reiche zertrümmert und zu einem großen Berge wird, der die ganze Erde erfüllt,** dieses Bild paßt für alle Zeiten und es muß für alle Christen eine Hoffnung in den Prüfungen und eine Lehre für alle Stolzen bleiben."

Ad. Dechamps.